Pour Nicolas et Nathan.

Hubert Ben Kemoun

Hubert Ben Kemoun vit à Nantes, sur les rives de la Loire. Auteur pour Radio-France, il a écrit pendant plus de douze ans des dramatiques et des pièces radiophoniques. Mais ne commettre ses crimes que sur les ondes ne lui suffisait pas. Il a donc décidé de sévir aussi à travers le théâtre et la comédie musicale. Hubert Ben Kemoun est également grand amateur de romans policiers. Il en a publié de nombreux pour la jeunesse, chez Syros *(Marathon sur l'estuaire)* ou chez Nathan, dans la collection Lune Noire *(Le jour de tous les mensonges, Le jour du meurtre, Le dernier jour, Le jour des saigneurs).*

1

Orage, ô désespoir !

« Où ça ? »

Sans m'en apercevoir, j'ai crié ma question. Les autres clients du café se sont retournés, à la fois amusés et surpris. Un peu gênée, j'ai répété plus doucement, mais pas moins désemparée :

« À Tahiti ?

— Oui Méluz, à Tahiti... »

Bruno, les yeux plongés dans son diabolo grenadine, n'osait plus me regarder en face. Il avait pris des précautions de chirurgien pour m'annoncer la nouvelle, mais maintenant, malgré tous les détours empruntés, nous étions arrivés dans le vif du sujet. Bruno partait! Et comme si ça ne suffisait pas à mon malheur, il partait pour l'autre bout du monde.

Il tenait toujours ma main au-dessus de la table du bistrot mais, ce qui aurait pu passer pour un simple geste d'amour n'était plus qu'un abominable signe d'adieu. Le silence entre nous pesait désormais des tonnes et rendait ce moment encore plus insupportable. J'avais envie de hurler, de balancer mes poings dans tous les sens, et surtout dans le juke-box derrière mon dos. Depuis deux minutes, comme pour se moquer de ma détresse, Céline Dion y beuglait : « Pooour que tu m'aimmmeees encoreeee. » Je me suis contentée de répéter, en espérant me sortir de ce cauchemar :

« Tu es sûr? C'est pas une blague?

— Mon père a reçu son courrier officiel avant-hier! Il est nommé pour trois ans à Papeete. Il part dans quinze jours et nous le rejoignons le mois prochain, dès le début des grandes vacances...

— Mais... et nous? » ai-je osé demander.

Les quelques secondes qu'il a prises pour me répondre ont suffi à me faire comprendre que je venais de poser une question idiote et déplacée.

« Tu viendras me voir..., a-t-il fini par murmurer, les yeux toujours baissés sur les glaçons qui faisaient la planche dans son verre.

— Ça fait combien de kilomètres?

— Euh... dans les dix-huit mille... je crois...

— Oh, c'est tout?... T'as raison, Bruno! En sortant vers seize heures, le vendredi soir, si je ne rate pas mon bus et si je réussis à choper le train pour la capitale, j'ai une chance, après une heure de métro et de R.E.R., d'arriver à l'aéroport de Roissy. Là, si je parviens à monter dans un avion, ça peut être jouable... Bon, évidemment, ça doit pas être donné, ce genre de petit voyage; mais comme on dit : "Quand on aime, on ne compte pas!" T'as raison, je viendrai te voir... peut-être pas toutes les semaines, mais...

— Arrête, Méluz, c'est assez dur comme ça! » m'a-t-il répondu en me lançant un regard bref.

Il avait ses yeux de chien battu. Des iris bleu turquoise, genre océan Pacifique... qui me faisaient fondre d'habitude. Mais cet après-midi, l'océan Pacifique, je le trouvais plutôt saumâtre. J'étais sans pitié.

« Mais non voyons, je ne plaisante pas ! Il y a combien d'heures d'avion entre Paris et Tahiti ?

— Arrête, je t'en prie ! Méluz… »

Cette fois-ci, il a complètement sorti son nez de sa grenadine. Une larme perlait au coin de son œil droit. C'était toujours ça, mais il aurait quand même pu m'accorder un vrai sanglot. Un gros, style inondations catastrophiques qui ouvrent le journal télévisé… Mais, Bruno n'avait qu'une seule toute petite larme en stock, pour laver notre amour, pas davantage. Type nettoyage à sec.

J'ai insisté, l'air de plus en plus mauvais.

« Alors, combien de temps ?

— Environ dix-neuf heures d'avion, avec un changement à Los Angeles mais, avec le décalage horaire…

— Ah oui, le décalage horaire ! En fin de compte, ce ne sont pas seulement les kilomètres qui vont nous séparer, mais les fuseaux horaires… Quand tu dormiras, moi je serai en train de déjeuner, et quand j'irai me coucher, toi tu prendras ta douche… c'est bien ça, n'est-ce pas ? »

Je me voulais désagréable. Méchante et injuste. Hargneuse et enragée parce que totalement désespérée. « Mon Bruno » n'y était pour rien, mais je savais que dans les deux minutes j'allais éclater en sanglots. Je me connais assez bien – cela fait même treize ans que je me connais – et je sentais que mes larmes seraient généreuses, abondantes et dévastatrices. Alors, comme une future noyée, je me débattais maladroitement. Lui, en face, n'osait plus rien dire. Je me suis mise à penser qu'il était peut-être déjà parti, la tête déjà sous les cocotiers, le regard déjà posé sur d'autres copines en maillot de bain (peut-être même sans le haut) et que moi, pauvre fille, je n'étais plus qu'une sorte de formalité à régler avant son grand départ.

« Il nous reste encore un mois, Méluz... », a-t-il fini par lâcher en réussissant à esquisser un sourire.

Je l'ai détesté ce sourire. Il se voulait amical, positif, réconfortant, pourtant il m'a dégoûtée.

Voilà, mes larmes arrivaient. Des grosses, de qualité supérieure. Je me suis levée en jetant vingt francs à côté de la soucoupe, pour payer mon Coca. Un Coca à quinze francs, Dédé, le patron du Café des Cigales, ne m'aura jamais connue aussi généreuse.

« Où vas-tu ? »

Bruno a essayé de récupérer ma main qui venait de lui échapper, j'ai esquivé.

« À toi le paradis des îles..., ai-je lancé entre deux soupirs.

— Méluz...

— À moi l'enfer ! »

Mon ton était beaucoup trop théâtral. Je suis sortie sous les regards étonnés d'une table où quatre élèves de 3e C faisaient semblant de finir une version d'allemand.

J'ai atteint la porte du café en entendant Bruno m'appeler au milieu des sanglots de Johnny Hallyday qui chantait : « Elle m'oublie, elle m'oublie... »

Sur le trottoir arrivait cette pimbêche de Sandra, collée par Cédric et Stéph, les deux 3e B qui lui tournent autour depuis des mois.

« Waaou, t'es pas avec Bruno ? »

Elle m'a demandé ça en me décochant un clin d'œil complice qui ne voulait strictement rien dire.

« T'as pas lu le dernier numéro de *Voilà, les vedettes*? ai-je fait d'un ton sec, au top model du collège. Je croyais que t'étais abonnée?

— Ben non, je l'achète tous les mois ! Pourquoi tu me dis ça, Méluz ?

— Il y a un article sur nous, dedans !

— Non, c'est vrai ? Sur Bruno et toi ? Waaou, géant ! T'es sûre, c'est pas une blague ?

— Absolument ! Ils racontent tous les détails de notre séparation ! Tu verras, il y a même des photos !

— Waaou !

— En couleurs !

— Waaou... mais... tu pleures, Méluz !

— Non, pas du tout, c'est la pluie ! Il y a eu un méchant orage dans le bistrot il n'y a pas cinq minutes... »

En désignant Cédric et son copain, j'ai ajouté :

« C'est sympa d'être venue éponger les dégâts avec tes deux serpillières... »

Je n'ai pas attendu qu'elle me lance un autre de ses « Waaou ! » de starlette de bazar. J'ai foncé devant moi, vers la maison, ma chambre, ma couette.

Enfermée chez moi, je pourrais hurler tant que je voudrais mon désespoir, inonder ma couette de tous les litres de larmes qui commençaient à débouler, m'arracher la peau des mains et du visage par lambeaux entiers, faire des confettis des lettres d'amour de Bruno et de mon journal intime, balancer à la poubelle tous mes disques de Johnny et de Céline Dion – si j'en avais eu, je veux dire –… enfin faire tout ce qui pouvait me calmer.

Les vendredis soir, ma mère tient sa permanence nocturne à la bibliothèque. Elle ne rentre jamais avant vingt-deux heures. Cela me donnait presque cinq heures pour commencer à haïr Bruno et être malheureuse tranquillement. Du moins c'est ce que je pensais en courant, larmes au vent, sur le boulevard. Mais rien ne se passe jamais comme on le pense…

2

Bruno - Jean-Benoît : un partout

Je suis arrivée chez moi épuisée.

Épuisée par ma course et par mes sanglots.

À plusieurs reprises, sur mon trajet, je m'étais retournée en espérant que Bruno se soit lancé à ma poursuite. Il m'aurait rattrapée là, près du square Verne ou sur la place du Théâtre, et m'aurait serrée dans ses bras. Sans un mot, sans rien d'autre que sa force et le souffle de son sprint haletant. Ensuite, tout doucement, il aurait dit mon prénom, d'abord une fois, à peine audible, puis plusieurs fois de suite, comme un torrent qui prend de la vitesse et qu'aucune digue ne pourra plus jamais freiner. Enfin, tendrement, il m'aurait entraînée sur un banc pour me serrer encore plus fort, et m'embrasser dans les cheveux. Là, j'aurais senti couler ses larmes dans mon cou – non, pas sa transpiration, ses larmes! – et, pour finir, il m'aurait annoncé que si son père partait, lui venait de décider de rester vivre chez un vieil oncle pour terminer le collège, jusqu'à la fin de l'année prochaine. Que si ça ne marchait pas, il s'enfuirait, que je valais tous les cocotiers et surtout toutes les vahinés du monde...

C'est ça, oui... puis le héros embrasse – avec la langue – sa chérie d'amour. La caméra zoome arrière pour les laisser vivre pleinement et tranquillement cet immense moment de tendresse, *The end* apparaît sur l'écran, puis le générique de fin, et la salle s'allume pour laisser sortir les spectateurs engourdis et émus.

C'est dans les contes de fées que les chevaliers débarquent sur des pur-sang blancs pour enlever les princesses... dans les contes de fées, dans les vieux films en noir et blanc ou dans les mauvais romans... pas dans la vie. Si je me suis assise sur un banc place du Théâtre, ce n'était pas pour écouter les promesses de Bruno, mais simplement pour reprendre mon souffle. Bruno, je savais parfaitement qu'il ne viendrait plus.

J'habite trois rues plus loin. J'ai ouvert la porte de chez nous sans plus aucune larme à verser; j'avais abandonné toute ma réserve sur le trajet. Je me sentais en deuil. Ce doit être ça un premier chagrin d'amour. Une sorte de deuil.

À présent j'avais besoin de beaucoup de calme, un peu comme un malade qui sort de la salle d'opération et doit se reposer afin d'émerger du brouillard de l'anesthésie.

C'est en traversant le couloir pour gagner ma chambre que j'ai entendu, parvenant du salon :

« Mélusine? C'est toi ma chérie? »

Pas besoin d'être une grande psychologue pour sentir, à la simple intonation de la voix de ma mère, qu'elle n'allait pas bien. Mais vraiment pas bien du tout. Pour le calme, c'était raté d'avance.

Maman était assise – plutôt prostrée – au fond du canapé, face à la télé allumée dont elle avait coupé le son. Devant elle, sur la table basse, le gros cendrier en albâtre, souvenir de notre dernier voyage en Espagne, débordait de mégots à moitié consumés. Sur ses genoux, le téléphone sans fil gisait comme un nourrisson amorphe.

« Viens m'embrasser Mélusine! Tu as bien travaillé à l'école? Viens me raconter, ma fée!

— Maman, j'ai dit d'une voix tranquille mais ferme, c'est Méluz, pas Mélusine. Les fées c'est nul! Ça fait bébé...

— Tu es toujours mon bébé... »

Elle ne parlait plus, elle gémissait.

« Je ne suis pas à l'école, mais au collège! En quatrième et pas à la maternelle! J'ai treize ans, bientôt quatorze...

— Oui et alors?...

— M'man, t'es pas à la bibliothèque à cette heure-ci? »

Il valait mieux changer de sujet. Nous avions cette discussion à propos de mon prénom au moins une fois par mois.

« La bibliothèque...? a-t-elle fait d'un ton sourd et lointain.

— T'es malade? Tu veux que j'appelle le docteur Romain?

— Et toi, comment vas-tu, ma douce?

— Maman, tu te débrouilles toujours pour ne jamais répondre quand on te pose une question.

— Qui ça, moi ?

— Non, la reine d'Angleterre…

— Tu trouves, vraiment ?

— Quand tu réponds, c'est toujours par une question. T'es la championne des points d'interrogation… On pourrait en mettre pratiquement à la fin de chacune de tes phrases !

— Pourquoi tu dis ça, Mélusine ?

— Et voilà, tu vois, tu ne réponds jamais ! Tu poses une autre question !

— Tu ne trouves pas que tu exagères ?

— Tu continues ! T'as acheté une cargaison de points d'interrogation en solde et tu t'en débarrasses à tout bout de champ ! C'est insupportable ! »

Je n'avais pas voulu hausser à ce point le ton, mais je me sentais si lasse, si malheureuse, que je m'étais laissé emporter. En voyant maman fondre en larmes sur la banquette, je me suis dit que j'étais allée trop loin.

« Excuse-moi, je ne voulais pas te vexer, je suis un peu énervée ! »

Je me suis approchée d'elle pour l'embrasser.

« Non, non, ce n'est pas toi... »

Elle a sorti un mouchoir en papier de sa poche et a commencé à éponger ses yeux. Mais plus elle tamponnait son visage, plus les larmes devenaient abondantes.

Au bout de deux autres mouchoirs, elle a réussi à articuler :

« Ça va aller, Méluz... Si, si, je t'assure, ça va aller... »

Les fois où maman consent à m'appeler Méluz sont assez rares pour que je sache qu'elle n'était pas du tout dans son assiette, et puis je voyais bien qu'elle était partie pour nous ruiner en Kleenex... je ne savais plus quoi dire. En même temps, puisqu'elle était là, j'avais envie de me confier à elle, de lui parler du prochain départ de Bruno. Mais était-ce vraiment le meilleur moment pour ajouter une nouvelle triste au tableau?

« Je peux faire quelque chose? ai-je demandé le plus gentiment du monde.

— Il n'y a plus rien à faire... c'est fini! »

Sa voix avait une intonation de mourante. Un frisson électrique m'a parcourue de part en part.

« T'as été licenciée de la bibliothèque!

C'est pour ça que tu n'es pas allée travailler aujourd'hui ! Mais enfin, c'est dingue, à trois mois de l'ouverture de la nouvelle médiathèque, ils ne peuvent pas te faire ça ! Et puis, c'est quand même toi la directrice ! T'inquiète pas, m'man, on va se battre, ça ne se passera pas comme ça ! »

Je m'enflammais vitesse grand V, ma colère montait. Je nous voyais déjà au tribunal pour faire valoir ses droits, brandissant des pancartes devant la mairie, lançant des pétitions de soutien dans les colonnes du journal local. La révolution en marche, quoi ! Elle était toujours assise sur le canapé et me regardait, les yeux baignés de larmes.

Comme souvent, avec maman, les rôles me semblaient inversés. Elle était l'enfant pleurnichant et moi, j'occupais la place de l'adulte protectrice.

« Te fais pas de bile, m'man, c'est sûrement une erreur !

— Mélusine, ce n'est pas ça ! C'est plus grave ! »

Plus grave ? Là, elle m'a stoppée net dans mon élan révolutionnaire. Cancer… sida… un grand nombre de maladies atroces ont commencé à valser dans ma tête.

« Plus grave ? » j'ai répété en m'effondrant dans la chauffeuse en face de son canapé.

Je me voyais déjà orpheline.

Un silence de mort ? Un silence de plomb ? Pas vraiment. Disons plutôt qu'il y a eu un silence de larmes pendant les quelques instants qui suivirent. Je veux dire un silence seulement troublé par les reniflements très sonores de maman. Je me sentais anéantie. Et puis d'un seul coup, avant d'exploser dans un nouveau déluge de larmes et de hoquets, elle a réussi à me dire :

« Jean-Benoît me quitte ! Sniff... Il est muté à l'autre bout de la France ! Sniff... Il s'en va la semaine prochaine ! Sniff... Il me l'a annoncé ce midi ! Sniff... Tu te rends compte ? Sniff... Juste ce midi, alors qu'il est au courant depuis près d'un trimestre ! Sniff... Il me prévient une semaine avant !

— C'est ça la cata ? Le départ de Jean-Benoît ? »

J'ai essayé de garder le ton le plus calme, mais j'avoue que j'hésitais entre l'explosion de colère et l'éclat de rire.

C'était ma mère, je l'aimais par-dessus tout, pourtant, à cet instant précis, je la méprisais, surtout quand elle a dit :

« Tu ne peux pas comprendre, mon bébé ! Ce n'est pas de ton âge ! »

Pas comprendre ? Moi ? Dis, maman, tu veux que je t'envoie Bruno, histoire qu'il te raconte notre rendez-vous de fin d'après-midi ? Moi, trop jeune pour comprendre ?

« Il est nul..., j'ai dit sans la regarder.

— Oh, ne dis pas ça, Mélusine ! Sniff... Je l'aime encore ! C'est un poste important qu'il va occuper...

— Non, je ne parle pas de son attitude à ton égard, je parle de lui, maman ! Jean-Benoît est nul, parce qu'il a toujours été nul !

— Pardon ? »

Ma mère ne reniflait plus. Elle a allumé une cigarette pour se donner contenance.

Les coups que *mon* Bruno n'avait pas encaissés, c'est *son* Jean-Benoît qui allait se les prendre.

« Oui, nul ! Le matin, il ne doit pas simplement se parfumer, mais plutôt se plonger dans une bassine d'after-shave. Quand il vient à la maison, ça demande des jours pour évacuer l'odeur...

— Mais... ! »

Sans s'en apercevoir, elle a allumé une deuxième cigarette alors que celle qu'elle venait de commencer fumait encore dans la gouttière du cendrier.

« Et sa conversation? À vomir! Le seul sujet qu'il sache aborder, c'est lui et son boulot.

— C'est très intéressant de l'entendre parler de son travail de rédacteur..., a-t-elle protesté mollement.

— Un jour, un peu, une fois ou deux, d'accord, je ne dis pas le contraire, mais tout le temps, c'est de la boulimie! Il rédige des textes pour les agences de publicité, c'est entendu... mais de là à se prendre pour Hugo, Pagnol ou Shakespeare, sous prétexte qu'il est content des cinquante lignes qu'il vient de pondre pour vanter les mérites des chariots élévateurs Machin, ou l'étanchéité des couches-culottes Bidule, il y a une marge ! Un nul, je te dis!

— Mélusine, tu es injuste! Jean-Benoît a écrit aussi des scénarios pour la télévision!

— Un scénario, pas des! Un téléfilm tellement tartignole que la Huit l'a programmé le dimanche soir de la finale de la Coupe du monde de foot. En tout et pour tout, il devait y avoir quatre grands-mères insomniaques, deux veilleurs de nuit allergiques au football et nous deux à l'avoir regardé!

— Tu exagères ! C'est insupportable !

— Non, je n'exagère pas ! Je pense sincèrement que c'est une chance pour toi que ce type prétentieux et qui cocotte la vanille ou le vétiver à dix kilomètres à la ronde t'ait plaquée ! Voilà exactement ce que je pense ! »

« Plaquée », je n'aurais pas dû le dire. Il aurait cent fois mieux valu utiliser n'importe quel autre terme, mais celui-là a fait sursauter maman, comme si un coup de feu avait claqué à son oreille. Elle s'est remise à jouer les fontaines, petit débit, mais du tenace bien parti pour dégouliner toute la soirée. Elle se croyait la plus malheureuse de l'univers. Évidemment, je ne niais pas sa détresse, mais d'une certaine façon, elle m'avait volé le poids de mon propre chagrin. Il y avait quelque chose d'injuste dans cette situation. J'aurais pu attendre de ma mère du soutien, du réconfort, des conseils, mais je n'avais trouvé en face de moi qu'une espèce de grande copine tombée dans la même ornière que moi.

En me répétant dix fois : « Tu n'as pas le droit ! Tu n'as pas le droit ! », elle s'est repliée dans sa chambre avec sa cargaison de mouchoirs, de cigarettes et son incommensurable malheur. J'ai fait pareil, moins les Kleenex et les clopes.

Pour ce soir, pas question de préparation de dîner ou de négociation autour du programme de télé. La guerre était déclenchée entre nous, et le cessez-le-feu ne pourrait intervenir que plus tard.

Dans un style romantique éploré, j'ai essayé de rédiger une belle lettre d'amour – non pas d'amour, d'adieu –, une grande et définitive lettre d'adieu à Bruno. Impossible! Tous mes brouillons atterrissaient au bout de trois ou quatre lignes dans ma corbeille à papier (ou à côté, je ne suis que remplaçante dans l'équipe de basket du collège). Non seulement la moindre rature me faisait honte et je m'obligeais à recommencer aussitôt, mais je cherchais sans cesse mes mots et l'accroche de ma lettre, en vain.

En vérité, je n'avais déjà plus grand-chose à raconter à Bruno. Malgré ce que je croyais en rentrant tout à l'heure, notre rupture était facile, presque logique. Bruno avait longtemps eu une réputation de coureur au collège, et je n'avais été qu'un prénom supplémentaire sur la liste de ses conquêtes.

Voilà peut-être ce que j'avais du mal à avaler.

Ma mère, que j'avais trouvée si ridicule avec son chagrin, m'avait un peu aidée à le comprendre et à atténuer mon grand chagrin d'amour. Bon, évidemment, j'imagine que c'est un sentiment rare et exceptionnel, un grand et beau chagrin d'amour, maman m'avait aussi volé cela, mais je pouvais difficilement le lui reprocher.

Nous en étions là, chacune retranchée dans sa tanière de lamentation, lorsqu'en début de soirée, le téléphone a sonné dans le couloir de l'entrée.

Maman et moi sommes sorties en même temps de nos chambres en criant chacune à l'autre :

« Laisse, je prends, c'est pour moi ! »

En d'autres circonstances, je suis sûre que nous aurions éclaté de rire de cette situation et de cette réplique lancée si parfaitement en duo, mais l'atmosphère n'était pas à la complicité, encore moins à la plaisanterie. J'imagine que chacune de nous espérait secrètement que cet appel arrive, malgré tout, de son ex-chéri d'amour mais, pour ma part, je me trouvais déjà dans le camp des hargneuses. Celles qui ne comptent pas larmoyer toute leur vie sur le départ de leur grand voyageur.

J'ai décroché avant maman.

Mon « Allô, oui? » était sec, définitif. Si c'était un de nos Ulysse qui rappelait pour s'excuser, il allait avoir droit à autre chose qu'une Pénélope éplorée.

Ce n'était ni Bruno, ni Jean-Benoît.

« Méluz? C'est Bénédicte Monteur, j'aurais voulu parler à ta mère, mais dis-moi d'abord, comment va-t-elle?

— Ben, tu vois, sur l'échelle des tremblements de terre... je dirais que ça oscille entre maxi et super-maxi! »

Bénédicte est une des collègues de maman à la bibliothèque. Une femme joyeuse et toujours attentionnée à mon égard. Elle est responsable du secteur jeunesse, et depuis mon C.P., quand elle a été embauchée, elle m'abreuve affectueusement de trésors d'albums ou de romans avant même qu'ils ne trouvent leur place dans ses rayonnages.

Mais cette fois-ci, le ton de Bénédicte n'était ni joyeux ni affectueux.

« Je suis au courant! Djibi est passé la prendre ce midi. Tu aurais vu sa tête quand elle est revenue de son repas!

— Sa tête, j'y ai eu droit en rentrant... Je peux te dire que par rapport à ce midi, le tableau n'a pas vraiment eu le temps de sécher. »

Pendant que je parlais avec sa collègue, maman me soufflait dans les oreilles des : « C'est qui ? C'est lui ? C'est Jean-Benoît ? » pleins d'espoir, tout en sautillant à deux pas du téléphone.

« Non, c'est pas lui, c'est pour moi ! Isabelle. Elle a des problèmes avec une version d'anglais. Tu vois, il n'y a pas que le cœur pour faire souffrir. »

Déçue, ma mère a rebroussé chemin vers la cuisine. En chuchotant, j'ai repris ma conversation avec Bénédicte.

« Non, maman n'a pas du tout le moral ! Dis-donc, Djibi, ça colle bien avec ce pauvre type ! On dirait une marque de croquettes pour chats...

— Arrête de plaisanter, Méluz ! Il faut que je parle à ta mère, mais c'est grave !

— Je crois que pour aujourd'hui elle a largement eu sa dose de cataclysmes ! Mais d'un autre côté, je ne crois pas que tu puisses lui annoncer quelque chose de plus catastrophique que le départ de son chéri. Je vais la chercher.

— Attends ! Je compte sur toi pour être sympa après…

— Parfois, on se demande qui est la mère et qui est la fille dans cette baraque de dingues ! »

Maman a attrapé le combiné du bout des doigts. Elle a juste dit : « Bonjour Béné… »

Et à l'autre bout du fil, sa collègue a commencé à parler. Au fur et à mesure des secondes, j'ai vu maman changer de couleur. Passer du rouge de ses yeux épuisés de larmes, à un teint plus gris, puis plus blanc. Livide. Une décomposition à vitesse grand V. Elle répétait :

« C'est pas vrai, mais c'est pas possible… » du bout des lèvres et pour elle-même.

Je ne savais pas encore ce que Bénédicte lui avait annoncé mais, comme quoi, on apprend à tout âge que, dans le pire, on peut toujours trouver mieux.

3

Ça déménage dans la cuisine

On connaît la fameuse échelle de Richter qui mesure la puissance des tremblements de terre. On entend aussi parler de celle de Beaufort, avec laquelle on évalue la force des vents, de la plus petite brise au plus dévastateur des ouragans. Chez nous, il y a une autre échelle, celle de Jeannine – du prénom de maman – pour évaluer les multiples catastrophes de la vie. Seulement, cette règle-là n'est pas très fiable. D'une certaine manière, elle n'a qu'une seule graduation qu'on pourrait intituler : gigantesque catastrophe. Tout, chez ma mère, est une gigantesque catastrophe. Tout! Lire la sanction régulière de la balance (alors que, sincèrement, elle n'a pas de problème de poids); faire cuire le riz deux minutes de trop; se casser un ongle; tomber en panne d'essence; chercher, une journée entière, les clefs de sa voiture (qui sont immanquablement restées sur le tableau de bord depuis la veille au soir); se découvrir un cheveu blanc dans la glace de la salle de bains, tout... Tout la plonge dans des états de dépression incroyables. Il y a six mois, elle s'est morfondue pendant deux jours, simplement pour avoir raté la petite robe en solde « si chou », repérée dans la vitrine du *Muguet Bleu*, place de la Libération.

Maman semble vivre dans un univers hostile où l'autre est un ennemi potentiel dont il faut se méfier. J'ai beau lui reprocher souvent d'être trop négative, elle ne veut rien entendre et prétexte qu'elle sait mieux que moi à quel point l'existence est jonchée de pièges abominables et de trahisons. Ceci dit, ça ne l'empêche pas de tomber régulièrement dans ces fameux pièges qu'elle dénonce. Jean-Benoît, en voilà une superbe ornière dans laquelle elle avait glissé ! Ce bonhomme n'était qu'un paon insupportable qui avait trouvé en maman une groupie aveugle et docile. Il fallait la voir se pâmer d'admiration à longueur de temps, devant la moindre parole de ce type. Ce n'était pas très étonnant qu'il ait fini par se lasser d'elle.

Malheur à moi si je me réveille un matin avec un petit bouton de fièvre. Elle est capable de se faire croire (et de m'assurer) qu'il s'agit peut-être d'un début de cancer de la peau... Du coup, complètement angoissée, je me retrouve avant la fin de la journée, le visage constellé de petits abcès affreux et rougeâtres. C'est épuisant. Avec elle, mon moindre rhume peut devenir une pneumonie, et une sale note en maths, le signe avant-coureur de mon redoublement.

J'ai beau savoir parfaitement tout ça, elle réussit encore à m'entraîner sur son terrain sombre et douloureux. Je l'aime, mais je dois m'en protéger. Ce n'est pas de la méfiance, plutôt de la sécurité. Pour la sérénité, je verrai ça dans une autre vie parce que, dans celle-ci, c'est très mal parti. Il n'est pas de tout repos de vivre comme moi, au beau milieu d'un champ de mines. Je crois que je m'en sors souvent grâce à mon humour, ma joie de vivre mais, à la maison, lorsque maman plonge dans les abysses du spleen, mes tentatives de dédramatisation font rarement mouche.

Lorsque je l'ai laissée au téléphone avec sa collègue Bénédicte, je me suis repliée vers le réfrigérateur de la cuisine, histoire de ne pas mourir de faim ce soir-là. D'une main décidée, je faisais revenir les lardons d'une prochaine omelette dans la poêle et, d'une oreille distraite, j'essayais de saisir la teneur de la nouvelle "gigantesque catastrophe" qui s'abattait dans le couloir et sur ma mère.

Mes suppositions allaient bon train. Une panne des portiques antivol de la bibliothèque, ou du système informatique de prêt des livres? Cela était déjà arrivé un an auparavant et maman n'en avait pas dormi pendant une semaine, alors que les techniciens de la mairie avaient résolu le problème en deux jours.

J'en étais à verser mes œufs sur les lardons lorsque maman est entrée dans la cuisine. Elle avait pris dix ans en dix minutes de conversation avec Bénédicte. Il allait falloir assurer sérieux.

« Je nous prépare une petite omelette aux lardons, installe-toi, maman, c'est presque prêt, ai-je fait en dressant la table, et de la voix la plus neutre possible.

— Mélusine... »

Sa voix à elle montait directement de la tombe.

« Je fais une salade aussi, si tu veux. »

Surtout ne pas attaquer de front, pour éviter l'explosion. Dans la poêle, les œufs commençaient à chanter en accord parfait avec les lardons. Pour l'harmonie de la mélodie, j'ai ajouté un peu de noix de muscade.

« Mélusine... »

Visiblement, nous n'étions pas couchées. Sur le feu tout allait piano.

Maman venait de se laisser tomber sur la chaise en face de son assiette. Elle avait allumé une nouvelle cigarette ; complètement hébétée, elle cherchait du regard un cendrier.

J'ai déposé la coupelle en cristal sous sa cendre, juste avant qu'elle ne tombe à ses pieds.

« Et Bénédicte, ça va ? j'ai fait l'air dégagé, en versant la moitié de l'omelette dans son assiette.

— Mélusine, ma fée, ma chérie...

— Oui... (Très mauvais signe, l'association "ma fée, ma chérie".)

— Je crois que je vais mourir...

— De faim, si tu ne manges pas ce que je viens de préparer. Ou alors d'un cancer du poumon, si tu continues à fumer autant...

— Mélusine, je suis sérieuse !

— Ça c'est sûr que t'es sérieuse ! De rire, non, tu ne risques pas de mourir de rire, ça jamais ! »

Elle n'a pas relevé. Elle gardait ses yeux vaguement perdus en direction de la pendule-assiette accrochée au-dessus du four, et qui indiquait vingt et une heures quarante-cinq. Ce silence est resté un moment à peser sur la cuisine, et c'est à nouveau moi qui l'ai rompu.

« M'man, t'as même pas goûté mon omelette, lui ai-je reproché gentiment en terminant mon assiette.

— La future médiathèque...

— Eh bien quoi, vas-y, qu'est-ce qui se passe encore ? Dis-le à la fin ! Qu'est-ce qu'elle t'a annoncé de si grave, Bénédicte ? En humour, t'es nulle, mais en suspense, t'es médaille d'or !

— La mairie a “oublié” de prévoir le budget du déménagement des livres. Nous devons ouvrir dans trois mois, les travaux avancent normalement, et ils viennent de nous prévenir qu’ils n’ont pas prévu un sou pour transporter les cinquante mille bouquins de notre bibliothèque vers la nouvelle médiathèque de Trolles.

— Oublié? Pas prévu? Ils se moquent de toi!

— Je sais, c’est incroyable, tu vas encore dire que j’exagère et que je dramatise tout, mais ils ont tout simplement prétendu qu’ils avaient ou-bli-é.

— Eh bien, c’est leur problème, à ces imbéciles de la mairie, pas le tien. C’est pas toi qui vas aller piquer cette nuit un Caddie au supermarché pour te taper les allers et retours tous les soirs entre l’ancienne bibliothèque et la nouvelle médiathèque! Mange, bon sang, ça va être froid!

— Mélusine, c’est une gigantesque catastrophe!

— Ça je l’aurais parié... Allez, m’man, t’inquiète pas, ils trouveront l’argent. Ils seront obligés de débloquer les crédits pour ce déménagement, c’est évident. Dis, tu veux que je te réchauffe ton assiette au micro-ondes ?

— Mais tu ne veux pas comprendre, Mélusine. C'est l'ancien maire qui avait décidé la création de notre médiathèque ; depuis le changement de municipalité, le projet de cette médiathèque a été complètement mis en sourdine. Si la nouvelle municipalité n'a pas pu l'interrompre, c'est parce que les travaux étaient déjà commencés et trop avancés, mais ils ne feront aucun effort pour nous permettre d'ouvrir. Ils livreront le bâtiment dans les temps, mais ne nous donneront pas les moyens de nous installer et d'y travailler convenablement. C'est une catastrophe.

— Gigantesque ! »

J'ai lancé ça trop spontanément, sans réfléchir, pourtant cette fois-ci, je n'avais pas envie de plaisanter et de me moquer d'elle.

« Oui, gigantesque ! Et tu peux penser ce que tu veux de moi, ma fille, mais je reste quand même la responsable du projet, et c'est à moi de trouver une solution ! »

Elle ne geignait plus. Je la sentais vraiment très inquiète. J'ai regretté de m'être autant moquée d'elle. Là, il n'était plus question de Jean-Benoît, de petite robe azur en solde ou d'une nouvelle ride sous ses yeux. Elle avait mal. Non seulement par orgueil, mais aussi parce qu'elle sentait que je ne lui faisais pas confiance, même pour ses angoisses. Cette fois, elle était vraiment l'adulte et moi l'enfant; et mon omelette aux lardons ne pouvait lui être d'aucun secours.

« Non, Mélusine, je ne vais pas mourir de rire, mais de honte! De honte, tu comprends? J'ai une tâche à mener, une tâche que j'aime par-dessus tout! J'ai toujours pensé que les livres faisaient grandir les gens, par la tête, pas par la taille, pas par le poids, mais par la tête, tu comprends? Qu'ils les rendaient plus libres, plus forts! Tous les livres! Et c'est pour cela que je voulais que s'ouvre cette médiathèque dans notre ville, ici à Trolles...

— Maman, tu prends toujours tout trop à cœur... Elle ouvrira, cette médiathèque!

— Sans bouquins, je ne vois pas à quoi cela servirait! a-t-elle répondu en haussant les épaules. Autant inaugurer une boucherie-charcuterie pour végétariens ou se payer une voiture neuve, sans moteur! »

Elle a attrapé sa tête entre ses mains et, ses coudes posés sur la table, elle a recommencé à pleurer, en répétant pour elle-même : « Je suis toute seule, je suis vraiment toute seule ! »

Toute seule ? Merci maman ! Je ne dis pas ça pour mon omelette aux lardons, mais pour tout le reste.

Moi aussi je me sentais désemparée, mais pas à cause de la nouvelle médiathèque. Je n'en pouvais décidément plus de ces drames continuels. De ces torrents de larmes qui inondaient ma vie, de toutes ces farandoles d'inquiétude qui s'accumulaient chaque jour au-dessus de notre quotidien ; alors, j'ai dit une bêtise. Une gigantesque catastrophe de bêtise.

« Non, t'es pas toute seule ! »

Je me suis surprise à hausser le ton, ne serait-ce que pour qu'elle relève les yeux sur moi.

« Je vais trouver une solution ! Les cinquante mille bouquins que tu dois installer dans *ta* future médiathèque, moi, je te promets qu'ils y seront ! Même sans le budget déménagement de la mairie !

— C'est impossible ! »

Elle me regardait et ne pleurait presque plus.

« Si, c'est possible ! Je trouverai un moyen,

pas seulement pour le bonheur de tes lecteurs, mais surtout pour que tu comprennes que tout n'est pas toujours noir, triste, déplorable, poignant, épouvantable, médiocre, lugubre, redoutable et impossible à régler!

— Mélusine!

— Quoi? Oui, je sais, je suis drôlement bonne en synonymes de "sinistre", grâce à toi, maman!

— Mélusine...

— Moi aussi j'ai mes problèmes, et j'essaie de les régler, et parfois, vois-tu, j'aimerais bien avoir la place de pleurer dans cette baraque, mais non, la championne des larmes, ici, c'est toi! Tu me diras quand je pourrai en verser une petite, et surtout, me faire consoler!

— Mélusine...

— Quoi, tu veux de l'omelette?

— Tu n'imagines pas ce que représentent cinquante mille bouquins! Cela fait des tonnes de cartons!

— C'est tout ce que tu trouves à dire? Et si je te dis que j'ai une solution? Est-ce que tu te calmes? »

Elle m'a fixée avec des yeux plus brillants que si je lui avais annoncé que, là, tout de suite, son Jean-Benoît allait ramener ses sourires de grand niais, premièrement pour l'épouser, deuxièmement pour lui offrir toutes les petites robes bleues « très chou » des magasins de luxe de l'avenue de la Libération, troisièmement pour lui mentir chaque jour davantage, lui assurer que non, pas du tout, elle ne vieillissait pas.

J'en avais tellement marre de cette ambiance glauque et lugubre... alors j'ai menti. Pas le genre petit mensonge léger qui s'évapore presque aussitôt, non, plutôt le genre énorme qui se mesure en tonnes (et bien plus de tonnes que peuvent peser cinquante mille bouquins). Un mensonge pour avoir la paix peut coûter parfois plus cher qu'une vérité qui déclenche la guerre. Je ne le savais pas alors.

Son problème était en train de remplacer le mien. J'assumais. J'aimais Bruno, peut-être pour exister aux yeux d'un garçon, plus que parce que j'adorais les deux merveilleuses fossettes qui se dessinaient parfois sur ses joues. Est-ce que j'ai menti à maman, juste pour exister un peu plus à ses yeux? Je ne sais pas. Je sais seulement que je lui ai menti sereinement et avec aplomb.

« Ouais, j'ai peut-être une solution ! Parfaitement, il y a toujours des solutions ! Pour une fois, fais confiance, et tu verras ! »

Elle n'a pas entendu le « peut-être ».

Je n'avais pas la moindre idée de ce que je venais de lancer ainsi en criant. Je n'imaginais pas non plus dans quoi je m'embarquais. Je sais seulement que maman me regardait comme si je venais de lui promettre non seulement que le père Noël n'allait pas l'oublier dans sa prochaine distribution parce que justement, le père Noël, je le connaissais personnellement, que j'avais son adresse, le numéro de son téléphone portable (qui pourtant est sur liste ivoire), l'adresse de son site Internet et que, de toute façon, ce brave barbu en manteau rouge et moi, nous étions tellement amis depuis tant d'années, qu'il ne pouvait absolument rien me refuser... Rien que ça !

Et à partir de cette promesse de menteuse, un nouveau calvaire a commencé. Et pas seulement parce que, avec tout ça, je n'avais même pas jeté, un morceau d'œil sur mes devoirs pour le lendemain.

4

Mal à droite…

Je suis entrée en cours, alors que Moulin tentait de passionner la classe avec une traduction *very funny* de *Trois Hommes dans un bateau* et qui ne semblait déclencher ni l'hilarité ni l'unanimité parmi mes camarades.

La prof s'est interrompue pour me déverser une de ses incroyables phrases en anglais, dans laquelle j'ai très vaguement compris qu'elle voulait savoir si je me croyais déjà en vacances pour arriver avec un tel retard.

« *Excuse-me, miss Moulaïnnne, but yesterday, I had a very difficult evening at home!* » ai-je réussi à répondre avec un semblant d'accent tonique.

J'aurais bien essayé de lui expliquer, toujours en anglais, que je venais de passer par le bureau des surveillants avant d'oser pénétrer dans son cours, mais je manquais de vocabulaire. Je me suis contentée de lui tendre le sésame tamponné par le pion de service sur mon cahier de textes, avant de gagner ma place. J'ai espéré qu'elle rembarque la classe dans son bateau, et surtout qu'elle m'oublie.

Au contraire! Elle a demandé à toute la classe de sortir une feuille de brouillon pour un *little exerssaïsse.* Les autres ont commencé à me maudire quand Mlle Moulin a annoncé que le petit exercice en question consistait à rédiger, sur une trentaine de lignes, une lettre d'excuse imaginaire – venant soi-disant de nos parents – pour expliquer le retard en cours de notre enfant.

« En anglais, la lettre d'excuse? a demandé timidement Pascaline.

— À votre avis? Mais peut-être, depuis le temps, ne vous êtes-vous pas aperçue que je tentais de vous enseigner l'anglais et non le mayalayam qui, comme vous le savez sans aucun doute, est une langue du sud de l'Inde, mademoiselle ! Bien entendu, en anglais ! »

Pas besoin de me retourner vers les autres pour sentir que tous, sans exception, me jugeaient la seule responsable de cette nouvelle idée de Moulin. Tous, même Bruno.

Tiens, il avait changé de place ! Tiens, tiens, il était allé s'installer là-bas à droite, à côté de Sandra ! Étant donné la complicité qui semblait transpirer entre eux pendant l'exercice de Moulin, j'ai pensé qu'hier après-midi, après mon départ du Café des Cigales, cette pimbêche avait dû trouver les mots et les gestes pour lui gommer le blues turquoise de notre dispute. Son deuil de notre flirt avait dû être beaucoup plus tendre que le mien…

Par provocation, peut-être aussi par dépit, je me suis retournée vers leur table pour lancer à Bruno un puissant :

« *Hello darling.* »

Cela m'a valu sa plongée immédiate vers les profondeurs de sa feuille de brouillon, et un coup d'œil bleu-vert et assassin de la belle Sandra. Cette flèche téméraire à l'égard de Bruno a amusé les autres élèves et je suis un peu remontée dans leur estime.

J'allais bâcler mon mot d'excuse imaginaire lorsque, dans un élan de grâce, Moulin a déclaré :

« Pour cet exercice, vous avez droit au dictionnaire et à votre livre de conjugaisons ! »

Un grand ouf de soulagement a accueilli cette générosité salutaire. Enfin, du moins quand tout le monde a fini par comprendre ce que venait d'annoncer Moulin puisque, évidemment, elle l'avait lancé en anglais.

Pas question de parler des problèmes de cœur de ma mère devant la classe. Les autres auraient vite fait un lien entre le départ de Jean-Benoît et la trahison de Bruno. Je me suis donc interdit de parler des angoisses de travail de maman et encore moins de raconter comment une bonne partie de la nuit j'avais planché sur les divisions vertigineuses de cinquante mille bouquins en colis transportables.

Miss Moulin avait demandé d'inventer, j'ai donc laissé libre cours à mon imagination et j'ai tenté une rédaction très audacieuse. Si on ne tenait pas compte de mes nombreuses fautes d'orthographe et d'accord, mon brouillon voulait à peu près raconter cela :

Très chère mademoiselle Moulin,

Veuillez excuser Mélusine pour son petit retard de ce matin.

Hier soir, notre voisin du dessus, M. Poupart, a pris son bain mensuel et a inondé notre salon avec sa baignoire. Hélas, l'incident ne s'arrêta pas à un simple dégât des eaux pour nos tapis persans et nos commodes chinoises. En effet, les planchers de notre immeuble sont si vétustes que c'est la baignoire – et M. Poupart – qui s'invitèrent sans même avoir sonné dans notre salon, aux alentours de vingt-trois heures trente. Invitation retentissante, mais de très courte durée, puisque M. Poupart – complètement nu, ce qui ne peut lui être reproché en pareilles circonstances hygiéniques et si rares – ne fit que passer par chez nous. C'est chez Mlle Lacramée, notre concierge habitant au rez-de-chaussée, sous notre appartement, qu'il termina sa course folle. Je précise que Mlle Lacramée a failli s'éteindre d'une crise cardiaque à l'atterrissage de M. Poupart dans son lit et dans le plus simple appareil… Une fois donc les pompiers, la télévision et le correspondant du journal local repartis, il fallut bien se résoudre à éponger et nettoyer, du moins après que les électriciens eurent rétabli le courant à la suite du court-circuit général qui s'abattit sur notre immeuble.

Souffrant atrocement du dos depuis une mauvaise chute de cheval lors d'une randonnée épique dans le Massif central à l'âge de dix-sept ans, j'ai demandé à Mélusine de m'aider à nettoyer ce qui pouvait l'être. Ma fille s'est donc couchée cette nuit assez tard, aux alentours de cinq heures du matin, et vous voudrez bien excuser son retard d'un quart d'heure à votre cours que je ne souhaite pas la voir rater, tant je sais qu'elle adore votre matière si merveilleusement enseignée. Je vous assure que ce retard ne se reproduira plus... M. Poupart, sur son brancard d'ambulance, nous a promis de ne plus prendre que des douches.

En vous remerciant pour votre compréhension et votre indulgence.

Mélusine's mother

En français, j'aimais bien ma copie, le problème c'est qu'en anglais, je doutais que le résultat soit aussi satisfaisant. Je n'ai pas eu le temps de m'en inquiéter davantage, la fin de l'heure a sonné sans que j'aie pu me relire. Moulin a décidé, mais nous la connaissons trop pour nous étonner d'un tel coup en traître, de ramasser nos brouillons et de nous les rendre notés, la semaine suivante. Elle a osé nous souhaiter un bon week-end, en nous rappelant que nous avions une version à lui rendre la semaine prochaine.

Pendant les intercours de la matinée, dans le plus pur style mouche à miel, Bruno a commencé à me tourner autour. Je le voyais venir de loin avec tout son stock d'explications et de justifications lamentables. Il a juste réussi à me baver :

« Tu sais, Mélusine, entre Sandra et moi, ce n'est pas ce que tu peux t'imaginer !

— J'imagine rien, mon amour ! Sinon à quel point il est important de laisser des traces avant de se barrer au bout du monde ! Et puis, tes dernières conquêtes d'ici ne risquent pas de venir te faire des scènes de ménage quand tu seras là-bas, sous tes cocotiers !

— Mes conquêtes ? Tu dis n'importe quoi, Mélusine, c'est juste de l'amitié entre Sandra et moi ! » a-t-il répliqué un peu péteux.

La belle Sandra s'approchait. J'ai haussé le ton pour que toute la cour de récréation m'entende. Du coup, c'est devant un auditoire conséquent de garçons et de filles toujours prêts à sauter sur le premier ragot venu, que je me suis écriée :

« Tu parles bien de cette fille que, la semaine dernière encore, tu trouvais vulgaire et carrément idiote? C'est bien de Sandra que tu me parles? Oui? Eh bien, je suis drôlement contente que tu aies changé d'avis parce que moi, je ne pensais pas comme toi, quand tu affirmais que c'était une petite gourde qui n'avait que ses beaux yeux bleu-vert pour lui sauver l'avenir!

— De quoi elle cause, là, Bruno? De qui elle parle? »

Sandra tentait de s'interposer. Sur son teint de pêche, ses joues viraient déjà au ketchup avarié. J'ai aimé cette nouvelle recette de hamburger.

« Non, laisse tomber, Sandra, j'ai dit sèchement, ne relève pas! Tu sais, tout le monde peut se tromper, et c'est une preuve d'intelligence de la part de Bruno, de revenir sur toutes les crasses qu'il a pu raconter sur ton compte... »

Aux sourires qui se dessinaient sur les visages qui nous entouraient, j'ai senti que je venais d'obtenir une belle victoire. Celle-ci n'a été complète que lorsque, m'éloignant de Bruno, je l'ai entendu s'exclamer dans mon dos :

« Quelle sale garce ! »

Je me suis retournée brusquement pour lui asséner le coup de grâce.

« Ah non, Bruno, tu ne peux pas continuer à parler ainsi de Sandra ! Ça, tu l'as assez dit, maintenant, il faut changer de disque ! «

Les autres sont partis d'un grand éclat de rire, certains ont même applaudi ma sortie. Ils ont abandonné Bruno et Sandra.

« Dis donc, je me croyais imbattable pour provoquer des scènes de ménage, mais j'avoue que j'ai trouvé mon maître ! »

L'air amusé, Samuel venait de s'asseoir à côté de moi, sous le préau.

« Quand tu t'y mets, ça doit être un feu d'artifice chez toi !

— Chez moi ? Ouais, si on veut, sauf que comme mon père nous a abandonnées il y a dix ans, ça se joue toujours en solo, ma mère avec elle-même ! Ma mère est excellente pour les solos, moi je ne suis que le public.

Le problème, c'est que même quand je ne réclame pas de rappel, elle se croit obligée de continuer ses concerts...

— Excuse-moi, je ne savais pas! a-t-il bredouillé, l'air gêné.

— Excuse-moi, pour quoi?

— Pour ton père, son départ, enfin, son absence, je ne pouvais pas savoir...

— Pourquoi tu t'excuses, c'est toi qui l'as fait partir, mon père?

— Non, mais...

— Ben alors, pourquoi on devrait être responsables des bêtises de nos parents? C'est toujours pareil, les gens font des choses, ils disparaissent de la circulation, et ce sont ceux qui restent qui devraient régler les dettes sur les ardoises! Tout ce que je viens de dire à Bruno, c'est vrai. Il me l'a affirmé de Sandra, et pas qu'une fois... Elle est tellement mignonne qu'elle croit que tout lui est dû, et en plus depuis que son père est conseiller municipal, elle se prend pour la reine du pétrole. C'est ce que je pense et Bruno aussi le pensait. Je n'ai rien inventé, seulement, Bruno, ça lui fait mal de reconnaître ses propres jugements au moment où il a changé son fusil d'épaule.

— Je comprends..., il a murmuré.

— Je ne sais pas si tu comprends. C'est la même chose pour la mairie. Avant l'élection de Mme Maigre, tout le monde disait que c'était une sale raciste, dangereuse et incapable de faire quoi que ce soit de bon pour la ville et ses habitants. Une fois qu'elle a été élue, c'est incroyable le nombre de gens qui la trouvent tout à fait fréquentable.

— Tu lui en veux?

— À qui, à Mme Maigre? Ça se pourrait, mais c'est... disons une histoire de famille.

— Non, je parlais de Bruno... Tu lui en veux?

— Je trouve qu'il m'a un peu vite remplacée, même si j'avoue que c'est moi qui ai rompu! C'est pas seulement une question de délai, c'est aussi une question de principe », j'ai fait en baissant les yeux sur mes sandales.

J'ai senti que, s'il me laissait continuer sur ce terrain difficile, j'allais fondre en larmes devant lui, et là dans la cour, après mon petit coup d'éclat de tout à l'heure, c'était trop lamentable.

Samuel a regardé loin devant, comme si tout d'un coup, il s'était passionné au plus haut point pour le match de basket que livraient les troisièmes sur le terrain devant nous. Comme si le soleil de fin mai avait un message personnel à lui transmettre sur-le-champ. Il est resté silencieux un moment, le soleil avait dû retarder la levée de sa poste, et enfin, Sam, brusquement, m'a lancé :

« T'as des problèmes en ce moment, Méluz ?

— Hein ? quoi ? »

J'ai sursauté.

« On peut peut-être en parler, enfin si tu veux, il a fait avec un ton un peu trop délicat.

— Ben non, pourquoi tu dis ça... ? ai-je bafouillé, sincèrement surprise.

— T'as pas l'air heureuse. Tu fais souvent rire tout le monde, les autres t'aiment bien, mais t'as toujours l'air d'avoir reçu un télégramme urgent qui t'annonce une catastrophe et qui t'oblige à sauter dans un avion pour filer régler une guerre nucléaire à l'autre bout du monde... »

Rien que ça ? Merci Samuel !

Bon sang, les humeurs de maman déteignaient donc autant sur moi ? Cet art du malheur et de la tristesse, en avais-je déjà hérité ? Je ne voulais pas ! Ses yeux bruns, entendu ; la couleur châtain foncé de ses cheveux,

O.K. ; la promesse d'une poitrine probablement aussi généreuse qu'une planche à découper la viande, entendu aussi ; les fossettes qui se creusaient sur mes joues lorsque je me laissais aller à rêver, tout cela je voulais bien l'avoir récupéré de maman, tout, même son envie de plaire aux autres et d'être appréciée au point d'en oublier d'être vaniteuse, mais sa prédisposition pour attirer sur elle toutes les catastrophes de la terre, je n'en voulais surtout pas !

« Ouais, j'ai un problème ! Et je ne crois pas que tu puisses m'aider ! lui ai-je enfin lancé.

— Dis toujours, j'ai de sacrées ressources, a-t-il fait en riant et en lâchant définitivement le match sous les paniers.

— T'as un camion de déménagement à ta disposition ? Un gros, capable de transporter une charge de vingt-cinq tonnes en quelques semaines, avec tout le personnel de gros bras qui va avec ? T'as ça ? Évidemment, pour pas un euro ! Alors, Zorro, t'as ça dans ton catalogue de grand séducteur ?

— ... ?

— Voilà, c'est ça mon problème, j'ai pas besoin d'un nouveau copain, j'ai besoin d'un routier sympa avec tous ses potes et le gros cube qui va avec ! »

J'ai aussitôt regretté le ton que je venais de prendre pour lui balancer tout mon problème. J'ai pensé que cette façon d'exposer les choses, c'était aussi un genre de description catastrophique à la Jeannine.

Samuel était bouche bée. Je n'aurais pas été surprise qu'il me balance la grande tarte que je méritais. Il a simplement resserré ses lèvres, s'est gratté machinalement sa tignasse brune et bouclée, et a éclaté de rire.

« Tu vois, c'est bien ce que je disais, Méluz... Tu portes le monde sur tes épaules, enfin, pas le monde entier, mais au moins vingt-cinq tonnes, ce qui pour ta carrure est quand même déjà pas mal !

— Je suis désolée, Sam, je ne voulais pas te...

— Non, moi ça va, Méluz ! Mais visiblement tu déménages !

— M'en veux pas Sam, je me suis emportée pour rien. Excuse-moi...

— Je te dis que ça va », a-t-il répété en se levant.

Il souriait toujours. Sans me regarder, comme si la sonnerie de la fin de la récré avait été plus importante que tout. Avant de s'éloigner vers les escaliers des bâtiments de cours, il a ajouté sur un ton mystérieux :

« Cette andouille de Bruno, il n'a pas dû bien évaluer ce qu'il perdait en allant butiner autour de Sandra ! »

J'ai adoré qu'il dise ça.

J'ai adoré ça autant que je me suis détestée d'avoir été aussi maladroite.

5

Graffitis et équations

Rue de Provence, la bibliothèque de Trolles est installée là depuis je ne sais combien d'années, dans un antique pensionnat de jeunes filles. L'ancien réfectoire sert de salle de prêt au public adulte, et les deux dortoirs attenants, plus ou moins bien partagés par des rayonnages, séparent le petit espace des documentaires et des revues, de celui de la jeunesse où officie d'habitude Bénédicte. Les autres salles du rez-de-chaussée sont occupées par les bureaux, les salles pour l'entretien, pour la reliure et pour le stockage des livres.

Ici, même si c'est probablement faux, j'ai l'impression d'y avoir passé plus de temps que dans notre appartement. Les livres n'ont jamais été pour moi des sales bêtes ennuyeuses et tristes, mais plutôt les briques, chacune différente, d'une grande pyramide dont maman est à la fois la gardienne et la reine Cléopâtre. Non, je me trompe, cette image n'est pas exacte, les pyramides sont des tombeaux, des cimetières, et même si la bibliothèque de la rue de Provence est un havre de silence, elle est le contraire d'un sanctuaire. Lorsque je viens y voir ma mère, elle n'y joue pas du tout au croque-mort, au contraire. C'est ici que je la vois sourire aux lecteurs, les guider d'un conseil avisé vers tel ouvrage ou tel secteur de la salle. Dans cet antre, maman est gaie, heureuse et avenante. Elle aime ce qu'elle y fait, et je crois bien que dans « son domaine », ma mère s'aime.

C'est aussi pour cela que, lorsque mon emploi du temps le permet, je viens passer un moment pour fureter ou travailler dans cet univers de paix qui tranche tant avec les conflits qui épuisent l'ambiance de la maison. Le samedi midi, en sortant du collège, je passe donc parfois la chercher pour déjeuner rapidement dans un des petits cafés du quartier qui servent des plats du jour. C'est une sorte de rituel entre nous, un moment que j'ai toujours beaucoup apprécié (même si le naturel tourmenté de maman reprend toujours ses droits aux alentours du dessert et du café). En nous attablant, complices, nous parlons chacune de notre matinée. La mienne, en classe ; la sienne, au milieu de ses livres et de ses très nombreux lecteurs. En effet, pour les bibliothécaires, le samedi, jour du grand marché à deux pas de la rue de Provence, est une journée de grosse affluence.

Les propos de Samuel avaient résonné dans ma tête, pendant toute la dernière heure de maths à laquelle je n'avais pas écouté grand-chose. La mise au point entre Bruno et Sandra n'avait pas dû être aussi houleuse que je l'avais imaginée, ils étaient toujours collés à la même table pendant que Décrion traçait au tableau des applications pleines de *x*, de *z*, de petits *a* et de petits *b* dont je ne comprenais pas qu'ils puissent donner le moindre résultat. Cet accord apparemment parfait entre Bruno et ma remplaçante était pour moi une équation aussi incompréhensible que celles à plusieurs inconnues dont notre professeur de maths avait tenté de nous donner les secrets tout à l'heure.

J'ai emprunté le remblai pour gagner la bibliothèque.

En lorgnant la mer, j'essayais de chasser ces deux tourtereaux roucoulants de mon esprit. L'île de Moult resplendissait au large sous la caresse d'un soleil de printemps déjà généreux. Quelques surfeurs s'essayaient à déjouer les pièges des rouleaux et quelques cerfs-volistes à tatouer le ciel. Tout appelait à la baignade et aux vacances. Oui, mais la plage m'évoquait Tahiti, et Tahiti me faisait revenir à Bruno. Mauvais chemin!

Samuel, voilà un bon sujet de rêverie, un beau sujet, un peu trop petit à mon goût, évidemment pas très musclé, et sans être beau à tomber par terre à la renverse, un sujet doté de beaucoup de charme. Je me suis promis de revenir très rapidement à ce rêve. Juste pour voir, comme on dit au poker.

« Voilà la plus belle ! m'a lancé Bénédicte qui trônait derrière le bureau d'entrée de la bibliothèque.

— Voilà la plus sympa ! »

J'ai déposé un rapide baiser sur la joue qu'elle me tendait par-dessus le clavier de son ordinateur.

« Pourquoi, tu ne me trouves pas belle ? a-t-elle fait, avec un petit rire malicieux.

— Bien sûr que si, mais tu dois avoir assez de clients pour te le dire, j'essayais d'être originale... et puis, dis, Béné, tu ne vas pas commencer à faire dans le style de maman ! Adorable et sympa, c'est pas mal, non ?

— Je prends tout, Méluz... ! Adorable et sympa ! Pas la peine de me l'emballer, c'est pour consommer tout de suite !

— Nous avons aussi pour vous : joyeuse et agréable, en stock ! Je vous les mets ?

— Certainement, mademoiselle ! En ces temps de crise, on ne doit pas cracher sur quelques compliments gratuits et d'aussi bonne qualité ! Tu cherches Jeannine ?

— Ben oui, c'est samedi. »

Du regard, j'ai balayé la grande salle.

« Elle est dans son bureau ?

— Oui, mais...

— Quoi, elle n'a pas le moral? Pas de problème, je me sens blindée aujourd'hui!

— Ce n'est pas ça, elle a de la visite…

— Grave? C'est pour l'histoire du déménagement des livres vers la médiathèque?

— Non, c'est perso! »

Elle a baissé la voix, comme si elle allait me confier un secret atomique subtilisé aux puissances ennemies.

« C'est Jean-Benoît, il est passé pour l'inviter à déjeuner…

— Il ne se barre plus à l'autre bout du pays, le grand séducteur?

— Je suppose qu'il s'agit d'un nouveau repas d'adieu! J'ai bien dit, je suppose!

— Il est venu chercher un peu de rab de tendresse avant de faire ses bagages, c'est ça?

— Je constate que mademoiselle n'est pas spécialisée qu'en vocabulaire, mais aussi très aguerrie aux choses de l'amour…, a ricané Bénédicte.

— Je vois le genre, il allume le feu le midi, et moi je joue les pompiers, le soir… *Jean-Benoît, le retour*, j'avoue que j'aime pas trop comme film! Hier soir au programme, j'ai eu droit à *Jean-Benoît, le départ*, et si celui-ci est avec le même casting…

— Elle l'aime ! Ça ne se gomme pas aussi facilement !

— Ouais, n'empêche que ce midi, c'est moi qui devais déjeuner avec maman ! Si j'avais su… »

Je me suis arrêtée net. J'allais lui expliquer que si j'avais imaginé que maman devait me faire faux bond, j'aurais proposé à Samuel qu'on rentre ensemble. Mais Bénédicte en était encore à mes amours avec Bruno, personne ne lui avait dit qu'elles étaient déjà salement périmées depuis la veille. Et que justement, moi, cette histoire, j'avais décidé d'essayer de la gommer « très facilement ».

« Arrête de geindre, c'est moi qui t'invite. Mais je n'ai que trois quarts d'heure ! Je reprends au public à treize heures trente. »

Efficace, elle a aussitôt décroché le téléphone qui trônait à côté de son écran pour appeler maman dans son bureau.

« Jeannine, j'ai ici à l'accueil, une petite fée complètement perdue ! Elle cherche sa maman pour déjeuner avec elle…

— … »

J'ai vaguement entendu la voix de ma mère qui criait quelque chose à l'appareil.

« Mais non, il ne lui est rien arrivé.

— …

— Non, perdue, c'est une façon de parler ! Ce n'est pas la peine de… quitter ta réunion. Je voulais juste te dire que je l'invitais à déjeuner !

— …

— Non, Jeannine, c'est à moi que ça fait plaisir ! »

Elle a fini par raccrocher en poussant un profond soupir.

« Dis donc, ta mère, je l'adore, mais c'est vraiment pas une cool !

— T'as fait combien d'années de psycho pour t'en rendre compte, Bénédicte ? Je t'attends au kiosque à journaux ! »

Je suis allée feuilleter d'un œil distrait *Féminité* qui annonçait en couverture une enquête de fond intitulée : « Comment le quitter en deux jours ! Trente arguments béton pour une séparation poids plume ! » en attendant que Bénédicte en termine avec ses derniers lecteurs.

Les quotidiens étaient rassemblés ici sur de grands présentoirs en fil d'acier. Les mensuels, un peu plus loin, s'empilaient sur de vieilles étagères en bois brun. Au-dessus d'une de ces étagères, un peu à part, un panonceau gris annonçait, tracé au marqueur : « Les magazines et les journaux ci-dessous vous sont conseillés par la municipalité de Trolles. »

Sur le bas du panonceau gris, un petit malin avait ajouté au stylo, en tout petit : « Pour que vous puissiez vous torcher avec... »

Je n'ai eu le temps que de jeter un œil sur la première page de l'un d'eux. *Puissance-Patrie* ça s'appelait. Il titrait en majuscules grasses comme des pouces : « L'étranger d'accord... mais pour les vacances ! »

« Tu vas te salir les doigts, Méluz ! »

Bénédicte venait d'arriver, dans mon dos.

J'ai sursauté. Presque honteuse d'avoir été surprise ce genre de torchon entre les mains.

« Les doigts et la tête ! a-t-elle ajouté dans un murmure.

— Et les fesses, si j'en crois ce que je lis là, j'ai fait en désignant le petit graffiti ajouté en bas du panonceau.

— Ah je l'aime bien, celui-là ! Le mois dernier c'était : "Ah bon, et depuis quand ils savent lire, ces ânes ?"

— Parce que le message change ?

— Bien entendu. On laisse le graffiti, tant que la mairie n'a pas envoyé un de ses chiens de garde pour nous le faire retirer. Dans ces cas-là, l'une de nous dit : "Désolée, je n'avais pas remarqué!" On recouvre le graffiti d'un petit cache propre, et dans les deux ou trois jours, une nouvelle formule revient agrémenter le panonceau.

— Tu ne vas tout de même pas me dire que vous connaissez le coupable?

— Coupable? Je dirais plutôt, l'artiste! La nouvelle municipalité nous oblige à mettre ces revues à la disposition du public, et la seule chose que nous ayons obtenue, c'est cette petite annonce qui indique que ce n'est pas nous qui les avons choisies. Je trouve que le petit malin qui ajoute sa touche personnelle sur le panonceau nous rend un sacré service. Allez viens, je vais chercher mon sac, jeune fée abandonnée par sa mère! »

Et nous sommes sorties en riant dans les couloirs, en direction de son bureau.

En riant, mais pas très longtemps. En effet, dans les couloirs derrière les salles ouvertes au public, s'entassaient de gros cartons qui doublaient l'épaisseur des murs. Il y en avait absolument partout. Le bureau de Bénédicte ne faisait pas exception à cette situation. Pour aller récupérer son sac à main accroché sur le siège de son bureau, elle dut slalomer entre des monceaux de caisses débordant de livres.

« Tout ça c'est pour la nouvelle médiathèque? ai-je fait sincèrement impressionnée.

— Tout ça, plus évidemment tout ce que contiennent nos rayonnages dans les salles du public! Exactement quarante-neuf mille huit cent trente ouvrages! Si tu as des copains costauds... on est preneuses! Parce que à l'heure qu'il est, il n'y a pas de solution pour transporter tous ces livres et les installer sur les nouveaux rayons. Pas un sou! Rien! »

Malgré ses tentatives d'humour, j'ai senti toute l'amertume qui résonnait dans les propos de Bénédicte. Devant elle, pas question une seconde de frimer et de lui assurer que ce petit problème de déménagement, je m'étais engagée la veille à le résoudre en deux coups de cuillère à pot. D'ailleurs, maman ne devait pas y avoir fait allusion, car Bénédicte passa à un autre sujet, dès que nous fûmes dans la rue.

Le grand marché battait son plein lorsque nous l'avons traversé. Au concours des crieurs, les poissonniers et les écaillers arrivaient, comme toujours, bien en tête devant les marchands de primeurs. Quelques camelots aussi se livraient à de belles joutes oratoires pour attirer vers leurs étals les curieux ou les gogos. Ici on vantait les prodiges de poudres pour récurer les gazinières (qui pouvaient aussi faire des miracles dans les toilettes) et non loin, en usant à peu près des mêmes arguments, on promettait de gommer l'arthrose des mains ou des bras (mais le produit pouvait aussi bien soigner l'aérophagie). À croire qu'entre les feux sortant des gazinières et les gaz s'échappant des estomacs, il n'y avait qu'un pas…

Les sardines grillées, celles de la Brasserie des Caroubes où nous nous sommes attablées en terrasse, étaient excellentes. Bénédicte a tenté une enquête serrée pour savoir où j'en étais de mes amours. Comme on se confie peut-être à une grande sœur, j'ai fini par lui expliquer le futur départ de Bruno pour ses paradis du Pacifique et pourquoi j'avais préféré rompre avant de souffrir plus encore dans un mois. Afin de ne pas trop compliquer les choses, j'ai évité de parler de Sandra et de Samuel.

« *Dans votre ville, à Trolles, le 15 juin, sur la grande plage, votre chaîne France 3 Télévision locale organisera l'épreuve de pré-*

sélection de Miss Sirène de la plage. Grand concours gratuit, ouvert à toutes les jeunes filles de treize à seize ans. Mesdemoiselles, n'hésitez plus une seconde ! Pour être couronnée reine d'un jour et couverte de cadeaux, venez vite retirer vos bulletins de participation dans les bureaux de France 3, allée Jean-Trumel ! »

Surmontée d'un couple de haut-parleurs, l'estafette publicitaire estampillée du logo de France 3 a fait deux fois le tour de la place du marché avant de revenir vers nous par le remblai de la plage. Elle s'est éloignée enfin pour s'enfoncer vers les rues du centre-ville.

Nous terminions notre repas, je n'arrêtais pas de faire de nouveaux calculs dans ma tête. Cinquante mille livres répartis entre les six employées de la bibliothèque, cela leur faisait plus de huit mille livres à déplacer chacune. Des centaines de cartons, des mois d'allers et retours avec leurs voitures personnelles. Le genre de mission impossible qui ne ferait pas un scénario de téléfilm sur la Une, surtout quand on connaît l'état de la voiture de maman et que Bénédicte ne se déplace qu'en vélo depuis qu'elle n'a plus de voiture... Non, j'avais promis quelque chose d'impossible à ma mère. J'allais en parler avec Bénédicte quand celle-ci m'a lancé en se levant après avoir ramassé sa monnaie :

« Tu t'inscris ?

— Où ça ? De quoi tu parles ?

— Je te verrais bien en Miss Sirène de la plage !

— Tu plaisantes ? Tu me vois aller jouer les *pom-poms girls*[1], juste pour la gloire de passer à la télé, et devenir la risée de tout le collège, dès la rentrée !

— Bien sûr que je plaisante ! Tu n'as pas besoin d'un bulletin pour être une reine, toi !

— Dis-moi Bénédicte, plutôt que de parler de mes histoires de cœur, la prochaine fois, tu veux bien qu'on parle des tiennes...

— Oh, là, il me faudra plus qu'un simple déjeuner pour ça ! a-t-elle fait en me quittant à l'entrée de la rue de Provence. Tu ne viens pas embrasser ta mère ?

— J'ai bien trop peur de tomber sur son Jean-Benoît ! Je ramasserai les morceaux ce soir, à la maison. »

Je me suis éloignée, mais après avoir fait trois pas, Bénédicte m'a rattrapée.

1. Supportrices des équipes de basket, de football américain et de base-ball.

« Méluz... Cette solution pour déménager la bibliothèque, tu nous la donnes quand?

— Comment? Maman t'en a parlé...

— Bien sûr, ce matin... Je suppose que tu as prétendu avoir trouvé quelque chose pour la rassurer. C'est bien ça? »

Je n'ai rien osé répondre. C'est elle qui a continué à essayer de m'aider.

« Ce n'est pas à toi de trouver une solution, Méluz... c'est à nous! L'ennui, c'est que ta mère, je suppose qu'elle était sur un nuage ce matin avec la venue de Jean-Benoît, ton histoire de solution, elle a l'air d'y croire complètement.

— J'aimerais vous aider..., ai-je balbutié bêtement.

— Bien sûr, bien sûr... Mais tu sais comme ta mère est influençable et rêveuse! Elle attend encore que son preux chevalier rapplique dans une magnifique décapotable tous chromes luisants et lui déclare, "Jeannine, pas de panique, j'assure tout!" Les produits miracles pour guérir l'arthrose, elle les achète tous immédiatement, pour un peu que le vendeur ait le bagout nécessaire! Parfois, je me demande si elle a bien évalué qui avait pris les responsabilités à la mairie.

— Eh bien, dis donc, c'est pas tendre comme portrait…

— Tu te trompes, Mélusine ! Tu sais comme je l'aime, mais fais attention ! Tu lui as promis la lune, et le plus triste, c'est qu'elle y croit, c'est tout juste si elle n'a pas déjà acheté la combinaison pour s'embarquer dans ta navette spaciale. »

Peut-être parce qu'il m'était insupportable de la décevoir et de me faire prendre en faute par Bénédicte, je me suis exclamée :

« Je trouverai une solution ! Tu verras, toi aussi, je te surprendrai ! Il y a toujours une solution ! »

Elle a dû prendre ma réponse pour un excès de vanité. Elle continuait à me sourire gentiment. C'était la première fois que, le plus délicatement du monde, elle m'adressait un reproche.

« Je trouverai ! ai-je fait d'un ton plus sec que je n'aurais voulu.

— Tu sais, Méluz, pour moi, tu n'as pas besoin de te surpasser pour être bien plus qu'une reine d'un jour ! »

Nous nous sommes quittées là-dessus et je suis rentrée par le cours Cerpe.

Sur la palissade d'un chantier, de tristes clowns, les braves amis du père de Sandra sans doute, avaient peint en grosses majuscules :

LA FRANCE AUX FRANÇAIS !

Juste en dessous, un clown beaucoup plus fin avait écrit en minuscules :

et la Bourgogne aux escargots !

J'ai trouvé ça drôle. J'ai pensé aussi que ce problème de livres à déménager était devenu, d'une certaine façon, un combat entre Sandra et moi. Cette affaire, il ne fallait pas la prendre par son gros côté majuscule, mais l'aborder autrement.

« Jolie formule, Méluz », me suis-je félicitée. Mais ça voulait dire quoi, autrement? Une autre paire de manches que les équations de Décrion.

6

Une jeune fille moderne

J'aimerais pouvoir dire que j'ai passé tout mon week-end à cogiter comme une Cocotte-Minute sur cette affaire de déménagement. Qu'après être rentrée chez moi et avoir bâclé en deux heures mes devoirs de la semaine suivante, je n'avais pas cessé de chercher une solution afin de tenir ma promesse impossible. Et puis évidemment, je serais fière d'annoncer, triomphante, qu'au bout de mes longues et complexes heures de réflexion, après avoir envisagé toutes les solutions possibles, des plus simples aux plus complexes (les plus démocratiques ne consistant qu'en la rédaction d'une pétition afin de débloquer la situation), j'avais enfin trouvé ! Pas une solution, non, *la solution* ! La géniale, l'évidente, la lumineuse, celle qui, sans contestation possible allait me valoir (s'il existait), le prix Nobel de bibliothèque !

La réalité de mon samedi après-midi et de mon dimanche est tout autre.

Ce n'est que dans les publicités pour déodorant ou shampooing coiffant que les jeunes filles modèles et modernes – aussi blondes que je suis brune – réussissent à aligner à la suite : trois sets gagnants au tennis, une heure de piano – Chopin ou Bach, pas moins – sans la moindre fausse note, trois heures efficaces de révision de maths, anglais et biologie, un passage par la cuisine afin de mitonner un succulent petit repas qui surprendra tout à l'heure la famille entière rentrant d'une longue et éreintante journée de travail, quelques conversations téléphoniques passionnantes avec douze copines très canon elles aussi (tout en se faisant les ongles des pieds), et enfin, bien entendu, une soirée en boîte de nuit jusqu'à quatre heures du matin sans avoir raté un seul rock et surtout pas un seul slow avec le beau Maurice – non pas Maurice ! mais avec le superbe Steven qui, évidemment, danse bien mieux que Travolta et possède un sourire qui renvoie sur-le-champ Léonardo Di Caprio se noyer avec son rafiot... Je ne dois pas être une jeune fille assez moderne et suffisamment modèle ! Ça non ! Mon samedi et mon dimanche n'ont pas ressemblé à ce genre de tableau acidulé et idyllique.

D'abord, je me suis ennuyée. Mais sérieux !

Je ne joue ni au tennis ni du piano. Mes maths et mon anglais, je les ai bâclés en vingt minutes, en me promettant de récupérer les cahiers d'Anthony et de Lise dès lundi matin en arrivant au collège. Je n'ai pas préparé de repas pour le dîner du samedi soir, j'ai juste daigné faire passer la vaisselle sale de l'évier dans le lave-vaisselle (que je n'ai même pas mis en route). Aucune copine ne m'a appelée pour me raconter quoi que ce soit de passionnant et ni Bruno – il devait être occupé ailleurs par les beaux yeux de Sandra –, ni Samuel – et qu'est-ce qu'il faisait, lui, au lieu de me téléphoner ? – ,encore moins Maurice ou Steven – je n'en connais pas – n'ont jugé bon de me proposer un rendez-vous.

Bien sûr, j'aurais pu les appeler, mes copines. Je crois que je craignais trop que la seule chose qui les passionne aujourd'hui soit ma séparation avec Bruno et mon esclandre de ce matin. C'est fou comme les malheurs des autres peuvent parfois exciter ceux qui prétendent s'intéresser à vous. Un peu comme si vos ennuis les déchargeaient de leurs propres tracas. Quoique je ne sois pas complètement sûre de cette théorie. En effet, si elle était absolument formelle, avec les wagons de catastrophes que se trimballe maman à longueur de journée, je devrais être la plus légère et la plus heureuse des adolescentes de mon âge…

J'ai tourné en rond une bonne heure après avoir trouvé dans l'annuaire le numéro de téléphone de Samuel. Oh, je ne voulais pas l'appeler, non, seulement repérer son adresse. Il habitait dans un immeuble cossu du remblai. En milieu d'après-midi, j'ai décidé d'aller me baigner sous ses fenêtres, histoire de donner un petit coup de pouce au heureux hasard d'une rencontre. Je n'en pouvais plus. J'avais tant tourné en rond. Mes samedis après-midi, d'habitude, je les passais à la plage ou en ville à me promener avec Bruno. Sans lui, je me sentais veuve, abandonnée, meurtrie, haineuse et paumée à la fois.

Je sais, ce n'est pas en fourrant ma serviette de plage dans mon sac, en enfilant mon maillot de bain et en vissant les écouteurs de mon baladeur sur mes oreilles que je risquais de résoudre les problèmes de déménagement d'une bibliothèque. Mais j'avais essayé de réfléchir à cette histoire pendant un bon moment, et les seules idées qui m'étaient venues tournaient autour de l'envoi de lettres anonymes et insultantes à la mairie afin de décoincer la situation, autant dire le genre de stratégie lamentable qui ne risquait pas de les faire changer d'attitude. Bon, et puis, la mise entre parenthèses des problèmes, pendant quelques heures, cela ne veut pas dire qu'on les jette pour autant à la poubelle. Je suppose que même les jeunes filles modernes font des pauses, parfois. Je suis certaine que la nuit, quand elles dorment, il y en a un bon pourcentage qui ronfle comme des tronçonneuses.

Mes problèmes étaient sur la plage !

L'un dans un bermuda rayé mauve que je l'avais déjà vu porter souvent, l'autre dans un adorable maillot deux pièces dont le haut laissait tout deviner de l'avenir prometteur de sa poitrine. Bruno et Sandra étaient là, allongés sur leur serviette de bain, à peu près à l'endroit où je comptais me placer, sous les balcons de l'immeuble de Samuel. Avec eux, cinq ou six autres élèves du collège, surtout des troisièmes que je connaissais mal, profitaient de ces premiers vrais jours de chaleur.

Pas question de décamper. Ma rancœur était plus forte que ma gêne. Je me suis installée un peu plus loin, à proximité des douches et de la pente aménagée pour la descente des planches à voile. Ensuite, avec des airs de starlette bêcheuse qui ne se préoccupe pas du monde qui l'entoure, j'ai traversé la plage, à quelques mètres de leur petit groupe, bombant un peu le torse, histoire de me donner une illusion de grandeur et un peu plus de seins.

Les rouleaux s'étaient calmés et je me suis élancée. C'est alors que je les ai entendus rire dans mon dos. Un sacré chahut. Ce n'est qu'à ce moment-là aussi que je me suis rendu compte que j'avais oublié de retirer mon baladeur pour aller me baigner.

La honte a cette musique-là. Pas celle de mon baladeur, il était hors-service, celle du rire d'un garçon qui vous a aimée, que l'on a aussi aimé, et qui rit de vous, en vous désignant du doigt à des énergumènes complices qui se plient en deux autant que lui. Tout un orchestre de rires. Toute une partition de rires dans laquelle votre remplaçante joue sa mélodie en accord parfait avec les autres.

Rageuse, j'ai retiré mes écouteurs et me suis tournée face à eux. Sandra et ses amis étaient à dix mètres. Bruno s'était levé et continuait à se gondoler de rire tout en se balançant de grandes claques sur les cuisses. J'aurais disposé d'une arme, là, avec moi, je l'aurais transformé sur-le-champ en égouttoir à salade. Et je me fiche de savoir si les jeunes filles modernes font ce genre de chose à leurs ex-copains.

« Elle est impayable! a fait Sandra en prenant tout son groupe à témoin.

— Tu veux dire que pour sortir avec toi, Bruno a dû te payer? »

J'ai crié assez fort pour couvrir leur hilarité.

« C'est pas joli, joli, mais ça te ressemble assez ! »

Sandra s'est arrêtée net de sourire. Elle a bondi en avant avec un feulement de hyène. Sans difficulté, j'ai esquivé l'arrivée brutale de ses poings. Déséquilibrée par son élan, elle s'est affalée à mes pieds, dans le sable mouillé.

« Je vois que tu ne prends pas trop de risques, Sandra ! Tu ne te baignes que là où tu as pied ! »

Bruno s'était avancé pour l'aider à se redresser, mais d'un geste rageur, elle a repoussé son chevalier servant pour tenter de plonger dans mes jambes. Elle n'a réussi qu'à griffer mes chevilles.

« La sirène a des ongles ! » ai-je fait.

Je craignais une nouvelle attaque. Je nous trouvais ridicules, mais je ne voulais pas partir ainsi et sembler capituler.

Sandra s'était relevée et avait regagné son groupe d'amis. Elle a attrapé sa serviette vigoureusement et a fait voler toutes les affaires qui y étaient déposées. Debout, tout en me fixant, elle s'essuyait pour se débarrasser du sable qui tapissait son ventre et ses cuisses. Un papier qui devait lui appartenir a volé jusqu'à mes pieds. Machinalement, je l'ai ramassé.

« Laisse ça, c'est pas pour les guenons dans ton genre ! »

Elle criait, hystérique.

Bruno s'était approché pour récupérer la feuille.

« Donne, Méluz ! » m'a-t-il dit, en tendant sa main.

J'ai jeté un œil sur la précieuse feuille en la lui remettant. J'ai eu le temps d'en voir assez pour comprendre immédiatement de quoi il s'agissait.

« Casse-toi, Mélusine ! »

Son regard était sombre, son ton sec, son signe de tête définitif.

« Mais tu m'as déjà cassée, mon gros lapin ! Allez, t'inquiète pas, je ne t'enverrai pas la facture, j'ai plus de style que ta future sirène ! »

J'ai regagné ma serviette pour rassembler mes affaires. Sans me retourner, je suis remontée sur le remblai. J'avais mal. J'ai fait comme si tout allait bien, mais j'avais mal.

« Maman ?... »

Je suis restée en arrêt devant la porte

vitrée. Elle me tournait le dos. Assise en tailleur sur le carrelage du balcon, elle ne m'a pas répondu.

« Maman ? »

Elle respirait. Je distinguais parfaitement ses épaules se lever et redescendre en rythme.

« Maman, t'as une crampe ? Tu veux que je t'aide ? »

Toujours pas de réponse. Je l'ai contournée pour lui faire face. Ses paupières restaient closes et recevaient la caresse d'une brise qui remontait de la mer.

« Maman, réponds-moi ! »

Je crois que j'étais beaucoup trop énervée pour comprendre ce qu'elle faisait. Il y avait un côté prière dans sa position. Mais pas une prière avec les mains jointes. Ses paumes étaient posées retournées sur ses genoux et ses pouces et majeurs, collés l'un à l'autre, formaient deux sortes de O.

J'ai paniqué. Elle ne m'entendait pas. J'ai pensé qu'elle était devenue folle. Fermée comme une boîte hermétique de pique-nique, insensible à ce qui arrivait du dehors. Intouchable ! Son rendez-vous avec Jean-Benoît avait dû être une nouvelle gigantesque catastrophe et l'avait fait basculer dans le délire. Les larmes, que j'avais réussi à endiguer sur la plage et sur le chemin du retour, ont commencé à couler sur mes joues.

« Maman ! »

J'ai hurlé. En bas, dans la rue, un passant a levé le nez vers notre balcon.

« Chut, ma fée ! a-t-elle soufflé calmement, sans ouvrir les yeux.

— Quoi chut ? Je t'appelle, je te parle, tu ne réponds pas ! Tu cherches à me faire peur ? »

Pour toute réponse, elle a poussé un profond soupir tout en gardant la bouche fermée. Elle a encore attendu un moment avant d'ouvrir les yeux tout doucement, un peu – j'imagine, je n'ai jamais vu ça – comme quelqu'un qui se réveille d'un long coma.

« J'ai décidé de me remettre au yoga ! Il faut que je devienne positive, c'est toi qui me l'as dit ! Tu n'arrêtes pas de me le répéter !

— Au yoga ?

— Pas seulement, j'ai décidé d'arrêter de fumer aussi !

— Oh ? »

Très mauvais signe, ça. Maman prend cette résolution environ tous les mois. Cela provoque un ou deux jours insupportables de tension extrême avant qu'elle ne retourne acheter son paquet au tabac.

« Non seulement cela me donne un teint très pâle, ça me fait tousser le matin au réveil, ça me ruine mais, en plus, et c'est le plus important, je suis sûre que la cigarette participe au réchauffement de la planète et au trou dans la couche d'ozone ! Je ne veux plus être une criminelle du monde !

— Tes clopes représentent quand même peu de choses à côté de l'usine d'incinération des ordures ménagères, à la sortie de la ville ! ai-je bafouillé, interloquée.

— Et puis, je ne veux plus manger que des aliments sains, des légumes, plus de viande, plus de poisson…

— C'est drôlement sain, le poisson !

— Je veux vivre en parfaite harmonie avec les éléments qui m'entourent ! Je ne suis pas une criminelle ! a-t-elle répété.

— Et… Jean-Benoît ? j'ai demandé en regardant ailleurs.

— Je ne suis pas une criminelle ! »

Si elle me parlait de la couche d'ozone, elle y allait quand même un peu fort.

« Vous avez déjeuné ensemble ? »

J'ai insisté, à tort.

« Il est à l'hôpital ! »

Elle a murmuré cela sur un ton monocorde.

« Il a eu un accident ?

— Non, je lui ai planté ma fourchette dans le bras, au restaurant ! Il a fallu le recoudre ! Et toi, ma chérie, tu t'es baignée ? «

Elle désignait le sac de plage qui pendait à mon épaule.

« Tu lui as balancé un coup de fourchette ?

— Il valait mieux ça que mon couteau à viande, non ?

— Maman, ça va ? T'es sûre que ça va ?

— Je ne suis pas en forme, Mélusine ! Mais je ne suis pas une criminelle !

— Arrête, m'man, tu ne l'as pas tué ce Jean-Benoît de malheur ?

— Non...

— Il a porté plainte ?

— Non, je ne crois pas...

— Disons que tu t'es simplement mise très en colère !

— Il ne m'avait pas tout avoué, hier. Il part, mais aussi avec quelqu'un d'autre. Ce n'est pas simplement un nouveau travail, mais une nouvelle existence. Il a une autre femme dans sa vie! »

Des larmes « niagaresques » ont commencé à inonder ses yeux. Je n'ai pas pu m'empêcher de songer à Bruno et Sandra. À nouveau cette symétrie entre maman et moi me faisait mal. J'ai préféré me taire. Mes problèmes n'avaient décidément pas de place dans cette maison de folles.

C'est en allant lui chercher un verre d'eau à la cuisine que j'ai vu les deux grands sacs-poubelle au pied de l'évier. Elle les avait remplis de boîtes de conserve neuves qu'elle avait sorties des placards, de paquets de jambon et de lardons encore intacts dans leurs enveloppes Cellophane, de plats cuisinés dans leurs cartons d'emballage.

Il y avait une boîte de tranquillisants ouverte sur la table de la cuisine et là, j'ai pris peur. Je l'avais bien senti, elle n'était pas du tout dans son état habituel. Toutes ces résolutions positives, ça ne lui correspondait pas. Je suis revenue affolée avec mon verre. Maman était allongée sur son lit, évanouie. Je me suis précipitée sur le téléphone et j'ai appelé le docteur Romain. Il habite au rez-de-chaussée de notre immeuble. Complètement déroutée, je hurlais, bafouillais, me répétais. Au moins a-t-il compris que c'était grave. Il n'était pas de garde mais est arrivé trois minutes plus tard. En quelques mots, pas vraiment plus calmement, je lui ai parlé de Jean-Benoît, de tout ce que je savais, j'ai évoqué aussi « beaucoup de travail et de problèmes dans son boulot », sans donner plus de précisions et, bien entendu, avant tout, je lui ai montré les médicaments.

Penché sur elle, il a dit d'un ton rassurant :

« Ta mère s'est endormie, pas évanouie. »

Il la secouait doucement par les épaules.

« Elle a l'air effectivement surmenée, même si sa tension n'est pas inquiétante ! Si j'en crois tout ce que tu m'as raconté, elle nous fait une grosse dépression. Elle a besoin de repos !

— Qu'est-ce qui se passe, ici ? Tiens, bonjour docteur, c'est gentil d'être passé..., a murmuré maman en émergeant vaguement.

— Veux-tu nous laisser, Mélusine, je vais rester un peu avec ta mère ! »

Un quart d'heure plus tard, il est ressorti de la chambre.

« Une grosse déprime, pas plus, mais pas moins non plus ! »

Sur un coin de table, dans le salon, il a rédigé son ordonnance et m'a avertie qu'il lui donnait un arrêt de travail de quinze jours. Qu'il repasserait demain pour prendre des nouvelles. Qu'il fallait la ménager. Qu'elle avait avant tout besoin de repos et surtout pas de contrariétés supplémentaires.

Je devais avoir les yeux écarlates comme un lapin atteint de myxomatose.

« Est-ce que ça ira, pour toi ?

— Oui, docteur ! Elle n'est pas en danger, vous êtes sûr ?

— Elle est très triste, surmenée et très triste !

— Elle est toujours surmenée et triste..., j'ai murmuré pour moi autant que pour lui.

— Dès qu'elle aura pris ce que je lui ai prescrit, ce soir, elle s'endormira pour une bonne douzaine d'heures. Au réveil, elle ira mieux, elle aura peut-être un peu faim et sera certainement encore mélancolique.

— Mélancolique aussi, elle l'est constamment !

— Mélusine, elle a un chagrin d'amour… Tu as déjà eu ça?

— Peut-être… », ai-je répondu, évasive.

Je l'ai remercié. Il n'a pas voulu que je le règle.

Après?

Après, je suis allée sauver ce qui pouvait encore l'être dans les sacs-poubelle et j'ai couru à la pharmacie pour acheter ses médicaments.

Je me sentais épuisée. Haineuse envers tout ce qui m'entourait.

En rentrant à la maison, j'ai croisé des employés municipaux déguisés en marins bretons dans leurs cirés jaune canari. À l'aide du jet puissant de leur lance à eau, ils effaçaient une inscription noire sur le mur de la galerie commerciale :

NETTOYONS LA FRANCE !

Quelqu'un d'autre, en dessous, avait ajouté en bleu turquoise :

BROSSEZ-VOUS DÉJÀ LES DENTS
CE SERAIT PAS MAL…

Bénédicte avait raison, plutôt un artiste qu'un coupable, l'écrivain public.

Celui-là a réussi à me tirer le seul sourire de mon samedi après-midi et de mon dimanche.

7

Silence, hôpital !

Autour de moi, tout le monde déménageait !

Bruno ? Son père venait de s'envoler pour les antipodes, et lui se préparait à son tour à effectuer le grand saut. Il partageait son temps entre Sandra et la mise en cartons de ses affaires. Il ratait allègrement des jours entiers de classe, toujours excusé par les mots complaisants de sa mère. D'une certaine façon, il était déjà aux antipodes de moi, car peut-être pour affirmer un peu plus son amour pour Sandra, il se mettait à tenir des propos racistes, « dignes » de ceux affichés par le père de sa belle et par notre maire, dans les colonnes du journal municipal.

Jean-Benoît aussi a déménagé. Enfin, je crois. Il a téléphoné un mercredi soir à la maison pour donner sa nouvelle adresse à maman. Je n'ai pas jugé bon de la réveiller pour le lui passer. Ça allait comme ça les larmes, les drames et le malheur. J'ai fait semblant de noter les coordonnées qu'il m'a répétées deux fois, comme si j'étais la dernière des imbéciles ou la nouvelle secrétaire de la maison. J'ai écourté la conversation pour ne pas l'entendre me demander des nouvelles de celle qui se remettait si lentement de sa trahison.

Car maman aussi déménageait, à sa manière. D'abord elle s'est installée pendant plusieurs jours dans une île de sommeil. Comme d'autres s'installent dans un régime pour perdre des kilos, et ne vivent plus qu'en pensant à leur margarine allégée, au goût perdu du saucisson sec ou d'une vraie tranche de viande. Elle, elle a vécu durant des jours entiers entre son lit où elle dormait douze heures de suite, et le balcon sur lequel elle s'accordait de longues siestes. Les médicaments étaient là pour ça, me répétait le docteur Romain. Une palette multicolore de gélules et de cachets. Le toubib passait tous les soirs prendre de ses nouvelles et sa tension. Elle faisait le vide. Mais pas comme on le faisait chez Jean-Benoît ou chez Bruno. Pas le vide des étagères de vêtements dans les armoires, pas celui de ces bibelots qu'on entasse sans raison et qu'on se décide enfin à jeter au moment de la mise en cartons. Non, plutôt le vide de tous ces démons qui nous encombrent et que l'on imagine impossibles à balancer puisqu'on a toujours vécu en leur compagnie.

Quinze jours de repos pour elle. Deux semaines d'inquiétude pour moi, malgré l'attention du docteur Romain et la présence régulière de cette « grande sœur » de Bénédicte. Seulement, lorsque maman a émergé, tout doucement, de ses longues plages de repos, elle ne m'a pas semblé plus légère qu'auparavant. Elle continuait à parler de Jean-Benoît comme s'il s'était absenté pour un petit voyage d'affaires et qu'il allait repointer son sourire de tombeur sur notre paillasson, d'ici peu de temps. Je déménageais aussitôt de sujet.

À l'approche de la reprise de son travail, elle a recommencé à s'inquiéter du bon fonctionnement de la bibliothèque. J'ai pris cela comme un signe de rétablissement, je me trompais.

Le dimanche qui a précédé son retour au bureau, elle a tenu à aller se promener avec moi aux alentours de la nouvelle médiathèque.

Planté légèrement en retrait du remblai, à la jonction du port de plaisance et du cœur de la ville, effilé tel un paquebot de deux étages, le bâtiment avait déjà revêtu sa robe de grandes vitres fumées. Sur le parvis de la nouvelle médiathèque ne demeuraient plus que quatre bennes de décharge, remplies de planches, de gravats, de bouts de câbles électriques et de chutes de linoléum. Le chantier était terminé. Il ne restait plus qu'aux arbres à prendre un peu plus d'envergure, aux pelouses à moquetter l'espace et aux massifs à lui donner un peu de couleur. Tout y était...

« Il ne manque plus que le principal ! Les livres ! » a murmuré maman dans un profond soupir désolé.

J'ai pensé que c'était une très mauvaise idée que cette promenade. J'aurais dû refuser et proposer la plage, une balade sur les collines qui dominent notre ville, un ciné, n'importe quoi d'autre que cette destination.

Le toubib avait bien insisté, le matin encore : « Il faut la ménager, Mélusine ! La ménager ! Sa convalescence sera longue et la rechute toujours possible ! La ménager ! »

Nous avons fait le tour du bâtiment et elle a répété avec le même souffle abattu et découragé :

« Tu te rends compte, ce gâchis ? Ils ont construit l'écrin, mais ils ne veulent pas y transporter les bijoux ! C'est lamentable !

— Ils céderont, m'man, sinon ils seront ridicules !

— Ils n'ont rien à faire du ridicule ! Mais, heureusement que tu vas nous aider, Mélusine, ma fée ! »

J'ai sursauté !

Ce n'est pas une expression, j'ai vraiment sursauté comme si elle venait de me planter une aiguille dans le corps. Je l'ai regardée en coin. Après tout, c'était peut-être une plaisanterie, qu'elle venait de me lancer, le bon signe de son rétablissement. Mais maman, les blagues, elle n'en est pas consommatrice, et encore moins productrice. Et là, son regard était souriant parce que tout simplement sincère. Elle y croyait ! Elle se figurait vraiment que j'avais une solution, une idée, un moyen, une baguette magique de fée fournie en supplément de mon prénom détestable. Je ne sais pas, moi, elle semblait s'imaginer que j'avais à ma disposition tout un *boy's band* de huit mille copains (toujours prêts à me rendre service et un peu scouts sur les bords), capables de transporter chacun son gros carton de bouquins.

Ma mère était-elle folle ?

En tout cas, elle voguait complètement hors de la réalité et mon petit mensonge n'avait contribué qu'à incruster un peu plus son délire.

« La ménager, Mélusine ! Surtout la ménager ! »

Je n'ai rien osé dire. Je craignais que la moindre contrariété produise un choc trop violent et entraîne une rechute. Que tout recommence avec plus de gravité encore. On m'a toujours dit qu'il ne faut surtout pas réveiller les somnambules qui marchent dans la nuit, au risque de les tuer ou de provoquer un accident. Est-ce que mon père l'a abandonnée parce qu'il s'est lassé d'attendre le réveil de sa Belle au bois dormant? Je ne sais pas, moi aussi, il m'a abandonnée et d'après ce que m'a dit maman, j'étais un bébé plutôt du genre tonique et épuisant, très mauvaise dormeuse... Au sujet de mon père, elle n'a jamais rien voulu me dire. Silence et sommeil, voilà la devise de maman. Panique et tristesse, voilà le résultat.

Moi, je devais attendre qu'elle se réveille toute seule mais, si c'était elle la somnambule, c'est bien moi qui me farcissais le cauchemar.

En traversant le parking pour rentrer, nous avons dépassé un panneau de signalisation sur lequel était inscrit : « Stationnement en épi obligatoire ».

Au marqueur noir, on avait ajouté un *k* devant épi. J'ai montré à maman cette astuce qui donnait : « Stationnement en képi obligatoire. » Elle n'a pas trouvé ça particulièrement fin. Un peu plus loin, elle a recommencé à me saouler avec Jean-Benoît. En passant devant un restaurant de poissons elle m'a répété trois fois qu'ils y avaient « merveilleusement bien dîné » et que le patron était vraiment très sympathique.

Folle? Et en pèlerinage sur les traces de son chéri d'amour?

Là encore, j'ai préféré garder le silence.

J'avais un autre jeu de mots dans la tête. Je n'arrêtais pas de penser qu'entre « ménager » et « déménager », il n'y avait qu'une syllabe de différence. Un coup de « dé ».

8

Des mots et encore des maux

Le coup de dé, j'ai cru le lancer le lendemain, lundi, en allant secrètement m'inscrire au concours de France 3. Oh, ce n'est pas que j'avais toujours rêvé de devenir une reine de beauté ou que j'imaginais mon avenir en top-modèle mais, si je gagnais, je pensais pouvoir disposer des micros et des caméras de la télévision. J'allais dénoncer, en direct, la situation lamentable de ces livres entassés dans les couloirs de la rue de Provence et qui ne pouvaient trouver leur place sur les rayonnages neufs de la nouvelle médiathèque.

Sincèrement, je m'y voyais très bien. Je pensais avoir le cran de faire ma petite manifestation à moi toute seule, sur le podium du concours. Cette idée avait un aspect risqué car elle pouvait déclencher des sanctions contre le personnel de la bibliothèque, alors je m'y préparais. Je veux dire, je préparais mes phrases, courtes et incisives. Il ne faudrait pas bafouiller, être claire tout de suite, un peu drôle peut-être, mais sérieuse aussi.

Évidemment, il fallait d'abord passer la présélection, mais selon moi, ce n'était qu'une ridicule formalité.

Je sais que ce concours, je venais de m'y inscrire à cause de cette histoire de livres, mais surtout pour contrer Sandra. Je ne m'étais pas trompée : à la plage, la feuille que j'avais entraperçue, après la baignade de mon baladeur, était bien sa fiche d'inscription au concours de France 3 pour l'élection de Miss Sirène.

J'ai donc rempli mon bulletin d'inscription le lundi après-midi dans les locaux de la télévision régionale. La secrétaire de l'accueil m'a précisé que je devais me présenter le mercredi à quinze heures pour l'épreuve de présélection. Il y avait beaucoup trop de candidates et il allait falloir départager les dernières inscrites pour ne garder que les dix meilleures lors de la finale du samedi sur la plage.

Pour Sandra, au collège, plus rien d'autre ne comptait que ce concours. Elle avait déjà passé son épreuve de présélection et savait qu'elle serait présente à la finale du samedi 15 juin. Elle ne doutait pas un instant de son triomphe et moi, pas une seconde de ma victoire. Même si Sandra était sincèrement la plus séduisante, je me trouvais assez de charme pour lui voler, au moins une fois, son diadème de princesse. Ne serait-ce que pour qu'elle meure de honte devant tout le collège.

Deux groupes s'étaient formés. Les pro-Sandra, Bruno en était le chef de file, bien entendu ; et les anti-Sandra, qui ne supportaient plus ses mimiques précieuses de starlette et encore moins ses idées racistes. Déjà Miss monde, elle les colportait ouvertement avec ses nombreux amis dans la cour de récréation. Elle répétait notamment que ce concours aurait été beaucoup plus juste s'il avait été réservé aux « jeunes filles françaises de souche ».

Cette garce le pensait, mais elle craignait surtout Djamila, une très jolie fille de troisième, la sœur de Rachid. Celle-ci s'était inscrite au concours en même temps que Sandra et, comme elle, participerait à la finale du 15.

Il y avait aussi un petit groupe d'irréductibles qui clamaient à tout bout de champ que ce concours était d'une stupidité sans nom, digne d'une foire aux bestiaux. Samuel en faisait partie, mais je pouvais difficilement le retrouver sur ce terrain, puisque j'allais, dans quelques jours, sortir triomphante de la finale.

Toute notre classe se passionnait pour cette élection, au grand désarroi de nos profs qui n'arrivaient plus à obtenir attention et travail. Il y eut même une belle bagarre entre Rachid et Bruno. Elle couvait depuis plusieurs jours au sujet de Djamila, et éclata le mardi en plein cours de géo.

Ils finirent l'heure chez le principal, et la journée chez eux après avoir été renvoyés.

« N'oublie pas de réviser ton instruction civique, Sandra ! J'ai entendu dire qu'ils allaient sacquer là-dessus ! lui a lancé

Samuel, le mardi soir en sortant de ce cours mouvementé.

— Pourquoi tu me dis ça? Il n'y a pas d'épreuve intellectuelle! lui a-t-elle répondu.

— Tu en es sûre?

— Oui, je dois défiler en robe folklorique, puis en maillot de bain, et donner mes goûts musicaux et cinématographiques. Et après, le jury vote avec le public!

— Bon alors, pas de problème, t'as gagné d'avance!

— Merci Samuel, c'est drôlement sympa! »

Cette gourde était aux anges.

« Bien sûr que tu vas triompher, Sandra! a-t-il poursuivi. Mais heureusement qu'à ton concours de potiches, on ne vous pose pas des questions compliquées, du style : "Liberté, Égalité, Fraternité est la devise d'un pays, lequel?" T'aurais sans doute pas su répondre! Mais, là, si tu dois juste faire des sourires, montrer un peu tes fesses, dire que t'aimes untel, et que tu as vu *Titanic* à douze reprises et que tu as pleuré à chaque fois... pas de problèmes, pour toi, l'affaire est dans la poche! »

Bruno n'était plus là pour la défendre. Elle encaissa en ricanant.

Vraiment, Samuel me plaisait de plus en plus... Pas si petit que ça en fin de compte...

J'ai pris ma respiration et je suis entrée sur la scène du théâtre municipal. J'ai marché, droite comme une baguette fraîche, jusqu'au milieu du plateau. Ce n'est qu'une fois placée là, bien au centre, que j'ai distingué la caméra qui me filmait depuis le bas de la scène.

Le trac! C'était ça, le trac! Une espèce de courant électrique qui dégringolait, style saut à l'élastique, de ma nuque à mes chevilles. Une sorte de tremblement incontrôlable qui vous fait hésiter entre l'envie de pisser et de vous évanouir, là, tout de suite, n'importe où.

Mitraillant des cintres, trois projecteurs m'aveuglaient et j'ai mis du temps à repérer les silhouettes des cinq personnes qui étaient installées dans les rangées.

« Présentez-vous en quelques phrases, s'il vous plaît! »

Je n'avais pas imaginé ça ainsi, aussi sérieusement. J'ai commencé à suer abondamment dans mon chemisier bleu.

« C'est à vous, mademoiselle! m'a relancée une des silhouettes.

— Je m'appelle Mélusine, j'ai bientôt quatorze ans !

— Pardon ? Votre prénom ? Usine ?

— Non Mélusine... euh... comme la fée ! Ce n'est pas moi qui ai choisi !

— Continuez ! a fait la voix de l'homme, autoritaire.

— Je, je... suis en glace de... en classe de quatrième au collège Gustave-Faubert, euh Gustave-Flaubert ! »

Qu'est-ce qui me prenait ? Pourquoi je bafouillais comme ça ? Mon chemisier allait devenir une éponge, vu ce qui me dégoulinait dans le cou. J'ai serré les bras le long de mes hanches et de ma jupe pour cacher ma transpiration. Est-ce que cela ne me donnait pas un air trop coincé ?

« Parlez-nous de vos goûts !

— J'adore le chocolat aux noisettes ! » j'ai dit sans réfléchir.

Imbécile, il te parle de ce que tu aimes faire dans la vie, pas de ce que tu manges au goûter !

« Non, je plaisante, enfin, non, je ne plaisante pas, mais je n'aime pas que ça. Je ne suis pas trop difficile pour la nourriture. Je mange même de tout... Sinon, euh, j'écoute du rock ou du rap, pas trop de dance, ça me gonfle… Enfin, non, je veux dire que ça ne me plaît pas autant que le rock ou la variété… et puis, vous comprenez, comme déjà je danse comme un pied ! »

Ça te gonfle ? Triple idiote ! Qu'est-ce que tu leur racontes, espèce de guignol ? Bon sang, fais un peu gaffe !

« J'aime les romans, les livres de toutes sortes, de toutes les couleurs, les noir-policier, les bleu-aventure, les rose-amour… un véritable arc-en-ciel ! Je lis énormément, une vraie boulimie ! Je dévore les livres plus encore que les tablettes de chocolat aux noisettes… »

J'espérais les faire rire pour me rattraper, ça n'a pas eu l'air de marcher. Vraiment pas du tout.

« Et la plage, vous y allez souvent ?

— Tout le temps, enfin, dès que je peux ! J'adore la plage ! Vraiment j'adore ! Je crois pouvoir dire que je nage très bien ! »

J'ai préféré ne pas ajouter que je nageais mieux que je ne dansais. Ça allait comme ça, les bêtises.

« Racontez-nous votre dernière baignade !

— Eh bien, c'était il y a deux semaines…

Non, je veux dire, il y a deux jours, ai-je menti. Un samedi après-midi...

— Mademoiselle, il y a deux jours c'était lundi... »

Je tremblais, je suffoquais. Il fallait absolument que je me reprenne.

« Ah oui, c'est fou ce que le temps passe vite ! Il y a quatre jours plutôt ! Samedi dernier donc, j'étais partie pour me baigner mais, en entrant dans l'eau, je me suis aperçue que j'avais oublié de retirer mon baladeur. Je veux dire de mes oreilles... Alors, comme il était naze, je ne me suis pas baignée en fin de compte ! »

C'est toi qui es naze, ma fille !

Ce n'était pas une bonne idée de leur raconter ça. J'avais tenté le coup pour les amuser. Je n'avais réussi qu'à leur servir une bouillie indigeste. Pauvre cloche ! Ils sélectionnaient une sirène pour leur podium publicitaire, pas une nouvelle comique pour un cirque.

« Donnez-nous une raison de vous sélectionner pour l'élection de Miss Sirène de cette année ! »

Pour faire enrager Sandra ?

Non, c'était paraître mesquine et prétentieuse.

Pour manifester contre la mairie et en faveur de la nouvelle médiathèque?

Si je leur balançais ça, j'allais leur faire peur ou passer pour rabat-joie. Ils pouvaient craindre un scandale en public au beau milieu d'une agréable fête promotionnelle. Ne pas en parler pour l'instant.

Pour que Bruno sache enfin qu'il n'avait ni su m'apprécier à ma juste valeur, ni été capable de bien me regarder?

Surtout pas, cela pouvait faire passer ma candidature comme un pari de jalouse aigrie et revancharde. Et puis, ma « juste valeur » est-ce que c'était dans un concours de Miss qu'elle pouvait s'apprécier?

Je n'avais aucune explication vraiment avouable à leur donner.

« Parce que Sirène, c'est l'anagramme de reines!

— Oui? C'est joli ça, mais encore? a fait la voix sur un ton encourageant.

— J'aimerais être la reine de quelqu'un, un jour, dans ma vie! »

Il y a eu un moment de flottement dans le jury. Pour briser ce silence, j'ai fait :

« Je ne vois rien d'autre...

— Bien, merci mademoiselle ! Vous pouvez sortir et attendre votre note dans les coulisses ! » a répondu la voix, en face.

J'ai retraversé la scène comme une baguette plus très fraîche. Ce n'est que dehors que j'ai recommencé à respirer.

Une vingtaine d'autres candidates attendaient leur tour dans le hall du théâtre. Des drôlement mignonnes qui savaient sûrement danser... et si elles ne savaient pas, qui n'auraient sans doute pas la bêtise d'aller le crier sur les toits... J'avais été nullissime ! Je me suis regardée dans un des miroirs qui me faisaient face. Étant donné l'état de mon chemisier, j'étais déjà la reine de la piscine et du super plongeon. Trempée !

Pour le rôle de reine de la plage, je n'y croyais plus. J'avais gâché mes chances comme on rate un train ou la levée de la poste. À vouloir faire la maligne, à imaginer ma présélection évidente, je m'étais complètement laissé dépasser par mon trac. Ce train-là ne repasserait pas de si tôt. Pourtant, j'ai attendu le verdict, un peu comme on attend que par miracle, le panneau d'affichage du hall de la gare vous annonce qu'un train supplémentaire est affrété, simplement pour vous, et qu'il sera à quai dans la demi-heure.

Mon attente a duré moins d'une demi-heure. Un quart d'heure à peine et j'ai été fixée. Une jeune femme est sortie de la salle de spectacle – le chef de gare? –, elle a appelé cinq noms pour une ultime sélection, je n'étais pas dans le bon wagon. Les perdantes, elle nous a remerciées pour notre participation en nous offrant des stylos publicitaires au logo de la chaîne.

Je me suis retrouvée sur la place du Théâtre et j'ai marché à travers les rues, ce stylo en plastique toujours dans ma main. J'essayais de me persuader que mon échec n'était pas une gigantesque catastrophe mais pour l'instant j'avais du mal. Et puis ce stylo à deux sous, c'était pour nous aider à rédiger notre testament? Ils auraient dû aussi fournir le papier! La vie était si injuste!

J'ai réalisé que je réagissais exactement comme maman à chaque contrariété. Ah, pour lui donner des leçons d'optimisme, j'étais toujours la championne du monde! Mais aujourd'hui voilà que je me morfondais parce que je n'avais pas été présélectionnée pour l'élection de Miss Pâté de Sable ! La honte !

J'ai marché vers chez moi en songeant tout de même que j'avais bien fait de ne parler à personne de mon inscription au concours.

À côté d'un arrêt de bus, sur un panneau d'affichage municipal, un avis tricolore de la mairie proclamait :

La ville de Trolles sait accueillir !

Par décision du conseil municipal,
une prime de 1 000 euros
sera allouée à chaque enfant
de père et de mère français
né dans la commune,
ainsi qu'une inscription prioritaire
en crèche municipale.

Renseignements aux bureaux
de l'état civil.

Sur l'affiche, avec mon stylo tout neuf, j'ai ajouté de ma plus belle écriture : « Et pour les autres gosses, une place prioritaire et gratuite au cimetière ? »

Cela m'a juste fait sourire, mais j'étais tout de même très fière de moi.

Voilà que j'étais atteinte à mon tour par le virus du détournement de slogan. J'ai continué à sourire ainsi en marchant. Quelques passants qui m'ont croisée se sont retournés ou m'ont rendu mon sourire un peu niais et béat à la fois.

Je suis arrivée à la bibliothèque en songeant que la vie ne valait pas le coup qu'on la rate parce qu'on avait bafouillé des âneries devant une caméra. Sur un grand mur gris derrière la bibliothèque, j'ai lu un triste et nouveau slogan raciste, comme tous ceux qui fleurissaient en grand nombre sur les murs de Trolles :

LA RACE EST LE PROPRE DE L'HOMME !

Je n'ai pas trouvé ce qu'on pourrait ajouter en dessous pour détourner cette nouvelle stupidité avec finesse.

Je suis entrée gaiement dans la bibliothèque par l'entrée de service et j'ai salué les collègues de maman. C'était probablement faux mais j'avais l'impression, en avançant dans les couloirs, qu'en un peu plus de deux semaines, les cartons de livres avaient poussé un peu partout, comme de la mauvaise herbe dans un champ en jachère.

Maman était dans son bureau, plongée dans des catalogues d'éditeurs.

« Ma fée! Le seul rayon de soleil de ma journée! m'a-t-elle lancé gentiment en me voyant entrer.

— Ma mère chérie, qui n'a pas dû mettre le nez dehors, parce qu'il fait un temps magnifique, aujourd'hui! Ça va?

— Cela ira mieux lorsque nous aurons déménagé. La mairie ne veut rien entendre, ils sont même prêts à repousser l'ouverture de la médiathèque de plusieurs mois. Même la menace d'une grève ne les effraie pas. Cette médiathèque, ils s'en moquent. Depuis le début, ils affirment qu'ils ont d'autres priorités que notre "petit problème". »

J'ai tressailli. Pas à cause de ce qu'elle m'annonçait, il n'y avait rien de nouveau, mais parce que j'ai eu peur qu'elle ajoute : « Mais comme tu m'as dit que tu avais une solution, il n'y aura bientôt plus de problème » ou quelque chose du même style.

Elle a fait pire et plus court :

« Je compte sur toi, ma fée! »

Vite, changer de sujet.

« Bénédicte est là ?

— Elle est au public ! À propos, nous sommes invitées chez elle, ce soir, avec des amis ! Tu viens, n'est-ce pas ? »

J'allais répondre que pour rien au monde je ne raterais l'occasion de nous sortir de l'ambiance si morose de nos soirées, mais maman a ajouté sérieusement, en jetant en même temps un coup d'œil au catalogue qu'elle avait devant elle :

« Comme ça, tu pourras nous parler de ton plan de détournement… pardon, de déménagement des livres ! Nous serons plusieurs collègues et je leur ai dit que… »

Je n'en pouvais plus, il fallait que je crève l'abcès. Je n'avais aucune idée, aucun plan, strictement rien, et cette affaire me dépassait totalement. J'allais lui expliquer que ma seule tentative pour l'aider à débloquer la situation venait de se solder par un cuisant fiasco sur la scène du théâtre. J'allais me mettre à hurler que je n'étais pas une fée avec une baguette magique en forme de camion de déménagement, j'allais…

Je n'allais rien du tout. Le téléphone a sonné et maman s'est interrompue dans sa phrase pour décrocher aussitôt. Elle a soupiré un étrange :

« Oui, bonjour, Marco! Un instant, je suis à vous... Mélusine, ma fée, tu peux me laisser, s'il te plaît? À ce soir! »

Son sourire signifiait clairement que j'étais de trop. J'ai pris la porte en l'entendant reprendre le combiné :

« Excusez-moi, Marco! Comment allez-vous? Je me languissais de votre appel! »

Marco? Tiens, tiens, je ne lui connaissais pas de Marco. Eh bien, visiblement, ça revenait doucement, la santé.

« Il paraît que nous sommes invitées à dîner chez toi, ce soir.

— Et c'est pour cela que tu fais une tête pareille? Tu sais, Méluz, je ne suis pas si nulle que ça, en cuisine! »

Bénédicte récupérait trois livres qu'un vieux monsieur venait de déposer sur le comptoir de retour des documents.

« Ce n'est pas ça! Tu sais bien... Oh, et puis c'est trop long à expliquer...

— Si je peux t'aider... »

Elle était sincère, mais je me sentais épuisée à nouveau. À elle aussi, j'avais promis de trouver une solution pour le déménagement des livres. Par quoi commencer ? Par le triomphe annoncé de Sandra et mon superbe échec au concours France 3 ? Par la réflexion de maman à l'instant ? Par notre promenade dominicale sur le parvis de la médiathèque ? Je n'avais plus de courage. Les maux avaient remplacé les mots.

Les lecteurs passaient remettre leurs livres ou lui demander un renseignement. Au-dessus d'elle était accroché un panneau indicatif.

Les ouvrages empruntés aujourd'hui :
mercredi 12 juin
devront être rendus au plus tard :
mercredi 3 juillet

« On parlera ce soir ! ai-je fait dans un soupir.

— J'ai quelque chose à te montrer, cela peut t'amuser. Suis-moi. »

Elle m'a précédée dans l'espace des documentaires et des journaux. En bas de l'affichette : « Les magazines et les journaux ci-dessous vous sont conseillés par la municipalité de Trolles », le petit message ironique était devenu : « Attention l'abus de conneries est dangereux pour la santé mentale ! »

« Oui, c'est drôle ! j'ai dit, sans même faire semblant de sourire.

— Et je peux aussi te présenter l'auteur de ces petits mots, si tu veux ! Il est là !

— Bof, tu sais Béné, j'ai le moral en dessous de zéro.

— Regarde, c'est lui, là-bas, le garçon qui fouille dans les bacs de bandes dessinées. »

J'ai jeté un œil distrait vers le garçon qu'elle me désignait, et brusquement je me suis pris comme un mélange de grande gifle et de douche froide.

Samuel !

Il me tournait le dos mais je l'aurais reconnu entre mille.

« Lui ? Tu es bien sûre que c'est lui ? Ce n'est pas possible, tu dois te... »

Bénédicte venait de s'éloigner. Accaparée par un lecteur, elle cherchait avec lui un ouvrage dans les rayons.

Samuel se dirigeait vers la sortie. Quinze jours à jouer les gardes-malades à la maison ne m'avaient pas offert le loisir de fabriquer le hasard d'une rencontre, alors pas question de le laisser s'échapper ainsi.

Je l'ai rattrapé une cinquantaine de mètres plus loin, dans la rue de Provence. Je l'ai détourné !

Si, si, je l'ai détourné ! Sans un mot, sans mille maux, je lui ai attrapé le bras et je lui ai dit :

« Viens, si tu as un moment, je voudrais te montrer quelque chose ! »

Passée sa surprise, il a marché avec moi, de toute façon je n'avais pas l'intention de le lâcher. Je me faisais trop plaisir à le tenir ainsi. Je n'avais pas osé aller jusqu'à lui prendre la main, je ne tenais que son avant-bras, mais je trouvais cela déjà tellement agréable…

Je l'ai emmené derrière la bibliothèque. J'aurais dû le faire pour l'embrasser, mais je n'ai pas osé. J'avais connu assez de désillusions cet après-midi pour supporter un nouvel échec.

Je lui ai montré le slogan sur le mur :

LA RACE
EST LE PROPRE DE L'HOMME !

et je lui ai demandé :

« Et en dessous de celui-ci, qu'est-ce qu'on pourrait ajouter ? C'est ton rayon, n'est-ce pas ?

— Tiens, je ne l'avais pas vu, celui-là ! » a-t-il fait en me jetant un sourire complice.

Il a ouvert son sac à dos et en a sorti une bombe de peinture rouge.

« Ne jamais utiliser la même couleur que le slogan d'origine, c'est une règle essentielle pour éviter qu'on ne te prenne pour l'auteur... »

Il a réfléchi en agitant sa bombe de peinture. Puis il m'a demandé de faire le guet pendant qu'il s'occupait de rectifier l'inscription avec une dextérité professionnelle.

Quelques secondes plus tard, il m'appelait :

« Qu'est-ce que tu en penses ? »

J'ai lu :

LE SAVON

EST LE PROPRE DE L'HOMME !

9

J'ai du mal à comprendre

« Tu sais tout, maintenant ! Et ce soir, elle a organisé une réunion de crise, chez une collègue. Elle espère que je lui sorte une solution miracle comme un magicien tire un lapin blanc de son haut-de-forme. Je vais la décevoir, et c'est surtout cela qui me fait peur ! »

Samuel n'a rien dit.

Depuis un bon moment, il regardait un petit garçon dans sa poussette, à côté du banc en face de nous. Toutes les deux minutes, le môme s'amusait à faire tomber par terre, aux pieds de sa baby-sitter, son immonde doudou – un morceau de drap de coton qui avait dû être blanc, un jour. Imperturbable, la jeune femme se baissait, ramassait l'horreur, l'essuyait rapidement contre son pantalon, et le lui refourrait dans la main avant de se replonger dans le livre qu'elle tenait posé sur ses genoux.

« Ma mère m'épuise ! j'ai murmuré pour récupérer l'attention de Samuel.

— Moi, c'est la maire qui m'épuise ! La maire, m-a-i-r-e ! » a-t-il répondu sans abandonner le gosse en face qui avait autant de suite dans les idées que sa baby-sitter de la patience.

Nous étions là, assis sur ce banc du jardin municipal. L'été pointait ses caresses en avance, depuis plusieurs jours je désirais ce moment complice avec Sam, je crois que cela ne lui déplaisait pas, et pourtant je me sentais triste. Il m'avait écoutée lui raconter mes problèmes, mais n'avait pas cherché à me consoler, pas même avancé sa main ou fait descendre son regard dans le mien. Le môme dans sa poussette avait plus de chance que moi. J'avais bien fait de ne pas lui ouvrir le grand chapitre de mes sentiments. Samuel n'aurait pas compris. Il ne semblait pas amoureux de moi, et j'en souffrais. Le problème c'est qu'en vingt minutes sur ce banc, mes sentiments pour lui n'avaient fait qu'augmenter, comme gonfle la pâte d'un soufflé. Plus il se taisait, plus il me plaisait, et j'avais du mal à envisager qu'il ne soit qu'un excellent copain, un ami, mais pas un amour. J'ai songé qu'encore une fois, et bien malgré moi, comme maman avec son Jean-Benoît, j'avais du mal à me faire une raison.

« Je vais souvent à la bibliothèque. Toutes les semaines j'y emprunte les trois livres auxquels j'ai droit..., a-t-il fait après que la jeune fille se fut levée pour emmener plus loin son monstre au doudou voltigeur. J'aimerais bien t'aider, et ça ne me déplairait pas de trouver un moyen de rendre notre chère maire, Mme Maigre, un peu plus ridicule !

— Près de cinquante mille livres, tu te rends compte ? C'est pas dans les deux sacoches de ton vélo qu'on va les transporter ! »

Le ton de ma voix était provocant, j'avais tellement envie qu'il me regarde en face.

« Quand doit-elle ouvrir au public, la médiathèque ?

— Dans deux mois, mi-août ! C'est impossible de faire un tel détournement... je veux dire, un tel déménagement en si peu de temps ! »

Là, il m'a regardée ! Enfin !

Non pas pour attraper mon visage entre ses mains et m'embrasser, avec la langue et toute la tendresse dont je rêvais. Non. Il m'a regardée comme si je n'avais pas été Mélusine, sa camarade de classe mais, je ne sais pas, une sorte de créature magique débarquée directement d'une autre planète.

« Qu'est-ce que tu as dit ? a-t-il demandé, les yeux brillants de malice.

— Qu'on n'aurait pas le temps, juste deux mois !

— Non, t'as dit détournement au lieu de déménagement !

— Et alors, je me suis trompée, ça arrive... »

Maman avait fait la même erreur dans son bureau, tout à l'heure. Mais franchement ça ne m'avait pas fait autant d'effet.

« Alors, t'es une fille géniale, Méluz ! Les types de la télé tout à l'heure, ils ont laissé partir mieux qu'une reine ou qu'une sirène... T'es une perle, Méluz ! »

Ce coup-ci, ce sont mes yeux qui se sont mis à jouer les sémaphores. Parce que normalement, après de telles paroles, le garçon enlace la jeune fille et la couvre de baisers. C'est l'évidence. Ça se passe ainsi dans tous les films, dans tous les livres. Eh bien non, pas avec Samuel ! Lui, il s'est levé d'un bond et a commencé à marcher dans l'allée. Au bout de trois pas, il s'est retourné.

« Qu'est-ce que tu fais ? Dépêche-toi ! Viens ! »

Je l'ai suivi. Sans comprendre. Je ne savais plus où j'en étais. Et pourquoi il ne m'avait pas embrassée ? Et qu'est-ce que j'avais dit de si génial ? Et viens où ?

Nous sommes sortis du jardin, en marchant côte à côte (je veux dire, pas main dans la main) et il a pris la direction de la citadelle. Je n'ai pas osé lui avouer que, s'il voulait se promener, j'aurais préféré la plage ou le remblai. Je sentais bien que son humeur n'était pas à la balade romantique. Plutôt le style marathon à travers les ruelles de la ville basse, et ascension vers l'ancienne tour des Gâles, à la lisière de la Z.U.P. de Jonquières et du faubourg de la Fumet.

Pas un mot pendant tout le trajet. Pas un signe, pas même un sourire. Samuel perdait à chaque pas des points à mon hit-parade, mais je suppose que, si je le lui avais dit, il n'en aurait strictement rien eu à faire.

Ce n'est qu'une fois arrivé sur la place des Babès qu'il s'est exclamé :

« C'est là ! Regarde ! La solution est sous tes yeux ! »

C'est là, quoi ? Où ça sous mes yeux ?

Il commençait à m'énerver, sérieux. Si c'était une technique pour me rendre moins amoureuse de lui, il s'y prenait comme un chef.

« Regarder quoi ? »

J'étais au bord de la crise de nerfs.

La vieille tuilerie aux murs à colombages, adossée à l'ancienne tour de guet des Gâles ? Le parterre central du rond-point, au milieu duquel se morfondait un cyprès bordé de massifs de lavande ?

Regarder quoi ?

« Samuel, je connais cette place ! Qu'y a-t-il à trouver, ici ?

— C'est juste en face de toi, Méluz ! »

En face de nous se dressaient deux panneaux publicitaires de quatre mètres sur trois. Leur ombre s'allongeait en rectangle sur la chaussée. À part ça, et un magasin de cycles *Les Rayons du soleil*, dont la devanture était barrée par un calicot : « Local à vendre », il n'y avait rien à voir.

« Toi aussi, tu m'épuises, Samuel ! »

C'est tout ce que j'ai pu dire.

Il m'a observée en souriant. Comme si ce que je venais de crier avait glissé sur lui, sans l'atteindre.

« Mélusine ! C'est toi qui l'as dit, tout à l'heure. Les livres de la bibliothèque, il ne faut pas les déménager, mais les détourner !

— Je ne comprends pas ! »

J'ai hurlé en tapant du pied. Dans une voiture qui tournait sur le rond-point, une jeune femme m'a regardée, elle a dû me prendre pour une dingue.

« Écoute-moi, c'est tellement simple ! C'est comme les slogans sur les murs. Au début, je les recouvrais avec des bombes de peinture… Non seulement ça faisait sale, mais on réussissait à les déchiffrer malgré tout, après mon passage.

— Et alors ? »

Je détestais son calme et son assurance. J'avais envie de lui arracher les yeux.

J'enviais sa sérénité et sa confiance. J'avais toujours envie de lui arracher un baiser...

« Ajouter quelques mots aux slogans leur donne un autre sens, les détourne et rend le premier message ridicule ! Tu comprends ?

— Je comprends que je ne sais pas ce qu'on fait là !

— Regarde le panneau publicitaire du milieu ! »

Ce n'est qu'à cet instant que je me suis rendu compte qu'il avait été détourné.

C'était une publicité pour les Galeries trollaises. Un jeune couple regardait le passant et affirmait :

Achetez tout le magasin au printemps !
Ne payez qu'en automne, et sans frais !

QUAND VOUS N'AUREZ PLUS UN ROND APRÈS LES VACANCES !

avait ajouté Samuel (selon moi, ce ne pouvait être que lui).

« Bon c'est très drôle ! T'es un garçon plein d'humour, t'es même carrément irrésistible, dans ton style ; mais là, tu m'expliques ou je me casse ! Je ne comprends pas ! J'ai besoin d'une solution à donner à ma mère dans deux heures, pas d'un cours sur les graffitis en ville !

— Quand on emprunte des ouvrages à la bibliothèque, on a droit à trois documents, d'accord ?

— Hum... » j'ai fait, l'air bougon.

Il me prenait pour une imbécile.

« Et on n'a le droit de ne les emprunter que pour trois semaines, pas plus...

— Tu voudrais peut-être les garder trois mois, gros malin ! »

J'ai dit ça d'un ton sec et énervé, et je me suis arrêtée net. Samuel me fixait le regard scintillant de malice. Dans ma tête les images filaient à toute allure. Des pièces de puzzle qui restaient en vrac. L'une d'elles représentait le tableau d'information de la bibliothèque qui annonçait aux lecteurs quand ils devaient rapporter les ouvrages empruntés.

« ... Attends, je crois que j'ai trouvé... Attends, c'est compliqué...

— Mais non, Méluz, c'est si simple au contraire ! »

Les yeux de Sam brillaient, il m'encourageait à le suivre au bout de son raisonnement.

« Tu veux dire que les lecteurs viendraient emprunter leurs trois livres à la bibliothèque, mais ne les rendraient que dans deux mois, dans la nouvelle médiathèque ?

— Pourquoi seulement trois livres ? Pourquoi seulement les lecteurs inscrits ? La population tout entière peut participer à ce déménagement ! Il suffira de noter leur nom et les titres des documents empruntés...

« Et de leur demander de ne surtout pas ramener les livres avant deux mois. C'est eux qui vont le faire ce satané déménagement ! Il y a bien des garde-meubles, nous, nous inventons les garde-livres ! C'est ça, le détournement !

— Tu es absolument génial, Samuel ! Tu mériterais que je t'embrasse ! ai-je dit, comme une proposition, en avançant d'un petit pas vers lui.

— C'est toi qui as trouvé, pas moi ! C'est toi qui as parlé de détournement ! »

J'avais aussi parlé d'un baiser ! Mais ça ne semblait pas inscrit à son programme, ou du moins pas comme je l'imaginais. Il m'a embrassée. J'étais si proche de lui qu'il pouvait difficilement faire autrement... Un bisou de copain, sur la joue, pas même très appuyé. Sans les mains, sans appui. Une touchette furtive qui ne m'a pas laissé le moindre souvenir de sa peau. À peine celui de son parfum.

Je n'ai même pas su si je lui en voulais quand il m'a quittée sur le remblai de la plage. Il venait de m'accorder à nouveau une semblable et ridicule bise polie et gênée. Était-il donc plus facile de détourner tout le contenu d'une bibliothèque que les lèvres de Samuel ?

10

Mal de mère

À l'écran, nous en étions au tunnel des publicités. Celui qui succède à la météo.

« Temps dégagé et ensoleillé sur la région après dissipation de quelques légères brumes matinales. Demain, dimanche 16 juin, n'oubliez pas de fêter les Jean-François Régis, si vous en connaissez ! »

Dans le salon, les épaisses brumes maternelles tardaient à se dissiper...

« Maman, tu fumes trop ! Et puis calme-toi, c'est tout de même pas la remise des Oscars à Hollywood... »

Depuis un bon quart d'heure, elle faisait les cent pas dans mon dos, sur le tapis. Ça tenait davantage d'une chorégraphie techno que de la relève de la garde sur le seuil de Buckingham Palace. (Il doit être assez rare que les gardes de la reine d'Angleterre marchent au pas, une nouvelle cigarette au bec, toutes les cinq minutes.)

« Maman, assieds-toi, tu seras plus à l'aise !

— Le magnétoscope, tu l'as bien vérifié ? m'a-t-elle demandé pour toute réponse.

— La cassette tourne depuis tout à l'heure ! »

Ce n'était que la quatrième fois qu'elle me posait la même question, depuis que je m'étais affalée par terre devant le poste.

« Maman, arrête de bouger ! Tu nous saoules ! Si à l'instant les gendarmes nous faisaient souffler dans le ballon, y a pas photo, on dépasserait la dose !

— Jeannine, je suis certaine que tu as été parfaite ! Tu n'as aucune raison de t'inquiéter. »

Assise au fond du canapé, Bénédicte essayait, comme elle pouvait, de tempérer l'agitation de ma mère. Hélas, de même qu'on n'arrête pas un ouragan avec un parapluie, on ne calme pas ma mère avec de simples conseils apaisants.

« C'est ça, moquez-vous ! Je voudrais bien vous y voir, moi ! C'est la première fois que je passe à la télé ! Vous ne vous rendez pas compte ! a lancé Jeannine en écrasant son énième mégot dans le cendrier et en nous adressant un regard perdu.

— Comment ça, on ne se rend pas compte ? Qu'est-ce qu'on fait là, à ton avis ? Et puis personne ne se moque de toi ! Au contraire, on te soutient, on t'aide, on est contentes pour toi ! On organise une petite fête parce que les problèmes s'arrangent, mais toi, il faut quand même que tu sautilles comme un pois sauteur du Mexique qui aurait attrapé la maladie de Parkinson[1] !

— Pardon, Mélusine, un quoi ?

— Silence, vous deux ! Ça commence ! » a fait Bénédicte, en désignant l'écran.

« Bonsoir ! Ce soir, nous développerons dans notre journal une longue page sportive et évoquerons les quelques événements qui ont marqué ce samedi dans notre département... Mais avant tout, l'étonnante initiative des bibliothécaires de la ville de Trolles ! »

1. Grave trouble nerveux s'accompagnant de tremblements.

Le visage de la présentatrice a disparu de l'écran pour faire place à un reportage tourné l'après-midi même, dans les locaux de la rue de Provence. Le commentaire expliquait que tous les habitants de Trolles étaient invités à emprunter, dès que possible, vingt livres chacun pour l'été, et qu'ils devaient les rapporter en septembre, dans la nouvelle médiathèque, afin de participer au déménagement. L'annonce était parue la veille dans les colonnes des journaux et avait déjà attiré un bon nombre de lecteurs.

Suivait l'interview d'un habitué de la bibliothèque. Celui-ci, chargé comme un mulet de ses vingt bouquins, déclarait tout le bien qu'il pensait de cette « excellente idée, très civique et républicaine ! » disait-il, avant d'ajouter avec un bel accent chantant :

« Avec ma femme et mes deux garçons, cela nous fait quatre-vingts livres pour l'été.

— Et vous allez tous les lire ? demandait le reporter.

— Oh, là, peut-être pas tous... et encore je ne sais pas, pourquoi pas, d'ailleurs ? C'est peut-être l'occasion... Ce qui est incroyable, c'est que par exemple, vous voyez, j'ai mon beau-frère... Eh bien, lui, à part les résultats de foot, il ne lit jamais grand-chose ! Lui, il viendra malgré tout, dès lundi après-midi, pour chercher ses cent quarante livres ! Ouais, cent quarante ! Avec ma sœur, ils ont cinq mômes ! Pour lui, c'est l'occasion d'entrer dans un endroit où il n'a jamais mis un seul doigt de pied... Ça peut pas lui faire de mal, à ce grand couillon de la lune... »

Et maman est apparue à l'écran. Filmée devant la future médiathèque. Très clairement, d'une voix posée et en fixant la caméra, elle a expliqué comment les livres rentreraient petit à petit, dès la fin du mois d'août, dans leurs nouveaux rayonnages. Elle continua en évaluant que, si une partie conséquente de la population de Trolles répondait à son appel, la bibliothèque de la rue de Provence serait vidée d'ici la mi-juillet. Le personnel se chargeant de transporter tous les documents précieux ou anciens qui ne pouvaient pas être prêtés au public.

« Hier, après le passage de notre annonce dans les journaux, nous avons prêté environ mille deux cents livres mais, depuis ce matin, c'est de la folie. Je pense que pour cette seule journée de samedi, nous dépasserons les six mille ! Lundi et mardi prochain, nous attendons trois classes de CM2 et six classes du collège Georges-Perec, qui viennent avec leurs enseignants. À eux seuls, cela représente plus de cinq mille livres ! »

« Tu vois, tu es drôlement bien ! » ai-je dit en me retournant rapidement vers maman qui était restée debout, statufiée à ma droite.

Elle avait l'air atterrée par ce qu'elle voyait à l'écran. Livide, je crois qu'elle tremblait. Je n'ai pas compris pourquoi. Le reportage se terminait.

« Non ! répondait-elle, à l'écran, l'idée n'est pas de l'une de nous. C'est une idée de ma fille, Mélusine, et d'un de ses camarades de classe. »

« Cette Mélusine et son copain ont eu une idée lumineuse et magique qui, dès à présent, semble vouée à un indiscutable succès », concluait le journaliste sur le plan serré d'une vieille dame installant vingt livres dans un Caddie de marché d'où émergeait une botte de poireaux.

La présentatrice du journal a repris possession de l'écran.

« À présent, passons à la pêche à la sardine ! Le prix à la criée a chuté depuis un mois et l'inquiétude des… »

« Excellent ! Tu vois, Jeannine, tu as été parfaite ! »

Pour un peu, Bénédicte aurait battu des mains tant elle était contente.

« Super ! Et puis merci de m'avoir nommée, m'man ! La prochaine fois, tu dis Méluz, pas Mélusine, et ce sera impeccable !

— Vous vous moquez de moi ? Ou alors vous me prenez pour une imbécile, ce qui est pire ! »

Le ton de ma mère était sec, tranchant. Il a stoppé net notre enthousiasme.

« Tu as été très bien ! Pas une seule hésitation ! Tu as tout expliqué de façon limpide, je t'assure, Jeannine ! a insisté gentiment Bénédicte. Je ne vois pas pourquoi tu tires cette mine.

— Vous allez me faire croire que vous n'avez pas vu mon chemisier ?

— Quoi, ton chemisier ! j'ai dit en haussant les épaules. Il te va super bien !

— Il y avait une tache d'encre noire à droite du col ! On ne voyait que ça... Quelle honte ! Tout le monde va se moquer de moi ! Le reporter et son cameraman ne m'ont rien dit ! Quels salauds ! Maintenant, je vais être la risée de toute la ville ! Le jour où je passe à la télé, il faut que je me présente comme une souillon ! »

Ce coup-ci, elle s'était effondrée sur une chaise, elle ne pleurait pas, mais le cœur y était. Elle semblait anéantie.

Bénédicte m'a jeté un coup d'œil désespéré. J'ai haussé les épaules. Face à cet ouragan de tristesse, il n'existait aucune digue.

« On n'a rien vu ! Je t'assure, Jeannine !

— Rien du tout ! ai-je renchéri.

— Je me déteste ! Ma vie n'a plus de sens ! »

La présentatrice du journal régional continuait à égrener ses faits divers, j'ai essayé de dédramatiser :

« Écoute maman, ils viennent de parler de ton chemisier, le standard de France 3 vient d'exploser, les gens appellent pour connaître les horaires d'ouverture de la bibliothèque et le nom de ton marchand de fringues. Ils trouvent ton chemisier absolument génial ! »

Raté ! Elle a levé les yeux sur moi pour me fusiller sur place avant de replonger dans son enfer de tache qu'elle était bien la seule à avoir vue. La petite fête que nous avions prévue était à l'eau. Coulée par un détail insignifiant et peut-être imaginaire.

Le téléphone a sonné dans l'entrée. Maman n'a pas semblé l'entendre. Je suis allée décrocher, à contrecœur.

« Bonjour, est-ce que Jeannine est là ?

— Ça pour être là, elle est là ! C'est de la part ? ai-je répondu à cet inconnu qui tombait mal.

— De la part de Marco ! Mais je peux rappeler plus tard !

— Ben, je ne sais pas, là, vous voyez, elle est en train d'hésiter entre le gaz et la corde...

— Pardon ?

— Non, je plaisante, mais on ne peut pas dire qu'elle ait une frite d'enfer ! C'est urgent ?

— C'était pour lui dire que je venais de la voir à la télé, et que je l'avais trouvée admirable ! Peux-tu lui faire la commission ?

— Sûrement pas ! Pour ça, je vous la passe ! Vous le lui dites, vous le lui répétez, vous le lui chantez, vous le lui enregistrez sur une cassette et vous lui repassez la bande en boucle jusqu'à ce qu'elle comprenne ! Parce que moi, j'arrive pas ! Je compte sur vous ! »

J'ai fourré d'autorité le combiné dans les mains de maman, toujours effondrée sur sa chaise.

« Qui est-ce ? a-t-elle demandé d'une voix accablée.

— M. Détachant de chemisier ! j'ai fait en souriant.

— Qui est-ce ? elle a répété, plus sombre encore.

— Un producteur de cinéma. Il te veut dans son prochain film ! Un premier rôle avec Brad Pitt !

— Tu te trouves drôle, Mélusine ? »

Franchement, oui, du moins j'essayais, mais, l'humour n'était pas à son menu diététique.

« C'est un certain Marco ! » ai-je fini par lâcher.

Le prénom a sonné, magique, à ses oreilles. Elle s'est levée et est allée s'enfermer dans sa chambre avec son téléphone, son blues, l'illusion de son chemisier taché et son Marco.

« Qui c'est, ce sauveur de l'humanité, ce Marco ? ai-je demandé à Bénédicte qui se dirigeait vers la cuisine.

— Un ami que je lui ai présenté ! Ils ont l'air de commencer à bien s'entendre ! L'ennui c'est qu'il est aussi timide et anxieux que Jeannine… Je vais m'occuper du dîner, on ne va pas se laisser mourir de faim pour une tache d'encre!

— Aussi anxieux? Eh bien, ça nous prépare un bel été... », ai-je fait en soufflant, déjà épuisée.

La seule qui semblait parfaitement en forme dans le salon était la présentatrice du journal télévisé. J'allais me lever pour aider Béné à réchauffer les tartes que nous avions commandées chez le traiteur, quand elle a annoncé :

« Et pour finir notre journal, je vous propose un superbe avant-goût de vacances et de la saison estivale. Cet après-midi, sur la grande plage des Caroubes, à Trolles, avait lieu, comme chaque année, l'élection de Miss Sirène. Sur cent trente-sept postulantes au départ, dix jeunes filles, les unes plus ravissantes que les autres, ont concouru devant un jury de notre station et un public venu nombreux les encourager. »

Elles étaient là, alignées en maillot de bain sur un podium installé devant le casino.

Sandra était la quatrième en partant de la droite. Superbe, comme d'habitude. J'ai attrapé la télécommande pour éteindre le poste, mais je n'y arrivais pas. La caméra a balayé le public, et j'ai reconnu Bruno aux premières loges avec quelques autres élèves du collège.

« Le choix du jury n'a pas été facile, et c'est finalement la jeune et ravissante Djamila Hichour qui a remporté le titre cette année. Elle a reçu, avec ses deux dauphines, tout un lot de cadeaux offerts par l'association des commerçants et par notre chaîne. Nos félicitations à Djamila, la nouvelle sirène de Trolles ! »

Sandra était dauphine, ils l'ont montrée à l'écran. Elle se forçait à sourire, mais on sentait toute la déception du monde dans son rictus. Ils n'ont même pas cité son nom. J'ai éteint la télé en poussant un tonitruant cri de victoire. Dans ce journal télévisé, c'est de moi qu'on avait parlé, pas de Sandra.

« Qu'est-ce qui se passe ? »

Inquiétée par mon hurlement, Bénédicte a déboulé dans le salon.

« Il se passe que parfois, tu vois, je trouve que la vie est belle ! C'est tout ! Lorsqu'elle est vraiment juste, comme aujourd'hui, je la trouve merveilleuse, la vie ! »

11

Étranger

Voilà ! J'ai tout raconté de ces trois semaines un peu particulières. Elles ont commencé à la fin du mois de mai, lorsque Bruno m'a plaquée pour Sandra et les îles turquoise du Pacifique, et se sont terminées le samedi soir où maman est passée au journal de France 3 avec sa tache d'encre noire. Nous avons visionné plusieurs fois l'enregistrement sur la cassette, effectivement, il y a bien une toute petite saleté sous son col, il fallait vraiment la chercher, et de toute façon cela ne valait pas la peine de se miner l'existence pour une marque aussi dérisoire. Mais bon, c'est maman...

Ce soir commencent les grandes vacances. Je suis assise sur mon lit et je viens de relire le récit de ces jours. Dehors l'orage menace et le ciel est anthracite.

Je n'ai rien à enlever à toutes ces pages. Peut-être quelques petites choses à ajouter encore.

Bruno est parti pour le bout du monde avant-hier. Je suis heureuse de ne plus jamais avoir à le croiser. Lui qui n'arrêtait pas d'accuser les étrangers de tous les maux, je me rends compte à quel point, en si peu de jours, il est devenu pour moi un étranger.

Sandra n'a pas remis les pieds au collège depuis son échec à l'élection de Miss Sirène de la plage. Elle déprime, disent certains. Elle aussi va devenir une étrangère au collège. Il paraît que son père a décidé de la changer d'établissement l'année prochaine. Il ne trouvait pas celui-ci digne de sa perle de fille. On est toujours l'étranger d'un autre ou de quelque part.

La bibliothèque de la rue de Provence sera bientôt vide. En quinze jours, cette affaire de déménagement est devenue un événement presque national. Non seulement une bonne partie des habitants de Trolles s'est déplacée pour embarquer son lot de livres ou de revues, et cela continue encore aujourd'hui, mais un loueur de véhicules a même promis, hier, de mettre gratuitement à la disposition des bibliothécaires cinq de ses camionnettes pour leur permettre de terminer le travail, début août. Et puis, maman est repassée à trois reprises à la télé, dont une fois au journal de 20 heures sur France 2. Chaque fois, cela nous a valu de longues et épuisantes séances d'essayage, de maquillage, et des vérifications de coiffure ! Du Jeannine, quoi…

Le fameux Marco téléphone parfois. Il me reste totalement étranger pour l'instant. Je suis tentée de penser que c'est sérieux entre eux, car maman n'y fait jamais allusion et élude mes questions. Par Bénédicte, j'ai réussi à apprendre qu'il était chef de plateau au grand théâtre de Seille, à vingt kilomètres d'ici et qu'il trouvait que ma mère était une femme gaie et incroyablement positive… Je me suis abstenue de demander à Béné dans quel hôpital psychiatrique il était suivi…

Bénédicte est épuisée par tout le travail de suivi que réclame ce déménagement original.

Elle prépare son voyage au Canada pour la fin juillet. Elle reviendra à temps pour participer à l'ouverture de la médiathèque fin août. Je sais déjà qu'elle me manquera terriblement pendant son séjour à l'étranger et mes vacances trollaises.

Et moi ?

Mes camarades et plusieurs de mes professeurs m'ont chaleureusement félicitée après le passage de maman à la télé. À chaque reprise, j'ai tenu à rectifier, pour rendre à Samuel la paternité de son idée.

Il n'est pas simple, Samuel. Nous rentrons souvent ensemble le soir. Nous parlons beaucoup, de tout et de rien. Des graffitis qu'il continue allègrement de détourner sur les murs de la ville ; des vacances qu'il s'apprête à passer ici, à Trolles, comme moi ; de notre dernière année de collège qui débutera en septembre... de tout et de rien. Jamais d'amour, hélas !

Pourtant, je suis sûre que je lui plais. Il aime ma compagnie, autant que je ne peux me passer de la sienne. Mais que faire pour l'aider à me le dire ? Ce supplice est devenu insupportable.

Tout à l'heure, au collège, moi aussi je me suis lancée dans l'art du graffiti. Avec un gros marqueur noir, sur la couverture de son cahier de textes que j'avais subtilisé dans son cartable pendant la récréation, j'ai écrit, en larges majuscules :

« Je ne pense à toi qu'une fois par jour, mais cela dure chaque fois vingt-quatre heures !

Méluz. »

Il n'y a pas fait allusion lorsque nous sommes rentrés puis quittés en bas de chez lui, face à la plage. Au contraire, il avait l'air pressé de ne pas se prendre l'orage qui menaçait déjà.

Je lui en veux d'être aussi timide et aussi étranger à nos propres sentiments.

L'explosion du ciel vient de faire trembler les baies vitrées du salon. Une déflagration assourdissante. La pluie mitraille Trolles. Un déluge qui rend l'air moins asphyxiant. Tant mieux. Il vient d'y avoir un bruit dans la cuisine. Un choc étrange, comme une pierre sur le carreau. Je me précipite pour fermer la fenêtre de la cuisine et je jette un œil en bas, sur la rue.

Tout est sombre, ou presque.

TU ME MANQUES DÉJÀ !!!

C'est écrit en blanc sur le trottoir d'en face.

C'est pour moi. Ce n'est pas signé, mais c'est pour moi !

À droite du troisième point d'exclamation, comme un quatrième, il y a Samuel, debout et trempé comme une soupe. Il me regarde, sa bombe de peinture pendue au bout de sa main.

J'arrête d'écrire. J'ai mieux à faire.

On m'attend en bas !

TABLE

IMPRIMÉ EN FRANCE PAR HÉRISSEY
27000 Évreux.
Dépôt légal imprimeur : 83873 – éditeur : 5808
32-10-1734-6-01 – ISBN : 2-01-321734-X

Loi n° 49-956 du 16 juillet 1949 sur les publications destinées à la jeunesse.
Dépôt légal : juin 1998.